HELMUT KAHNT

DIE DEUTSCHEN SILBERMÜNZEN 1800 – 1872

W0196500

Helmut Kahnt

DIE DEUTSCHEN SILBERMÜNZEN 1800 – 1872

Vom Halbtaler bis zum Doppeltaler

H. GIETL VERLAG & PUBLIKATIONSSERVICE GMBH

Die Deutsche Bibliothek – CIP-Einheitsaufnahme

Die deutschen Silbermünzen 1800 - 1872 :
vom Halbtaler bis zum Doppeltaler / Helmut Kahnt. -
1. Aufl. . - Regenstauf : Gietl, 2000
  ISBN 3-924861-36-6

1. Auflage 2000

Vorwort

Von den größeren Silbermünzen ging für viele Sammler seit jeher eine erhebliche Faszination aus und daran hat sich bis heute nichts geändert. Genau diesem Interesse will der vorliegende Katalog gerecht werden, indem ab Halbtalergröße quasi alle deutschen Silbermünzen (Probemünzen nur in Ausnahmefällen) ab dem Jahr 1800 bis zur Gründung des Deutschen Reichs 1871 erfaßt, abgebildet und in den Erhaltungsgraden „sehr schön", „vorzüglich" und „Stempelglanz" (in den Bewertungstabellen von links nach rechts) für jeden Prägejahrgang nach aktuellen Marktpreisen bewertet werden. Für ausgesprochene Raritäten, die in Jahrzehnten nur einmal angeboten werden, mußte sinnvollerweise auf eine Preisangabe verzichtet werden, solche Stücke sind mit „LP" gekennzeichnet. Bei einigen dieser Stücke wurden zusätzlich das bisher letzte Auktionsvorkommen und der dabei erzielte Zuschlagpreis zur Orientierung vermerkt.

Für die Aufnahme in den Katalog war die Zugehörigkeit der Münzstände zum Heiligen Römischen Reich Deutscher Nation (bis 1806) bzw. ab 1815 zum Deutschen Bund ausschlaggebend. Infolgedessen sind auch alle österreichischen Halbtaler, Doppelgulden, Taler und Doppeltaler ab 1800 bis zum Ausscheiden aus dem Deutschen Bund 1866/67 aufgenommen worden. Hingegen fehlen diejenigen habsburgischen Prägungen, die ausschließlich für Ungarn und die italienischen Besitzungen ausgegeben wurden.

Bei der Beschreibung der Münzen haben sich Autor und Verlag auf die wesentlichen Details beschränkt, um eine ausgesprochen sammler- und händlerfreundliche Nutzung zu gewährleisten. Da so gut wie alle Münzen abgebildet werden, wurde auf die nochmalige verbale Vorstellung der Münzbilder verzichtet, sondern lediglich die Um- und Aufschriften sowie die Randschriften wiedergegeben. Jeder Münztyp wurde mit bis zu vier Katalognummern aus den entsprechenden Standardwerken eindeutig gekennzeichnet, so daß keine Zweifel an der jeweiligen Zuordnung aufkommen können. Prägezahlen – soweit bekannt – sind in Klammern der Jahreszahl nachgestellt. Die Höhe der Prägezahl erlaubt häufig, jedoch nicht immer (!), Rückschlüsse auf die Seltenheit einer Münze bzw. eines Jahrgangs.

Für Beratung, Hinweise, Durchsicht von Manuskriptteilen und Beschaffung von Abbildungsvorlagen bedanken sich Verlag und Autor sehr herzlich bei folgenden Münzhändlern, Firmen und Verlagen:

      Battenberg Verlag, München

      Heidelberger Auktionshaus Herbert Grün

      Münzenhandlung Fritz Rudolf Künker, Osnabrück

      Kurpfälzische Münzhandlung, Mannheim

      Leipziger Münzhandlung und Auktion Heidrun Höhn

      Münzen und Medaillen AG, Basel

      Münzenhandlung Manfred Olding, Osnabrück

      Dr. Busso Peus Nachf., Frankfurt am Main

      Münzen- & Medaillenhandlung Stuttgart Stefan Sonntag

      Tietjen+Co., Hamburg

Regenstauf, Sommer 2000   Autor und Verlag

Inhaltsverzeichnis

Herzogtum Anhalt

Münzstätten:	Bernburg
	Berlin Mzz. A ab 1834

Münzmeister in Bernburg:
H.S.   Hans Schlüter

Anhalt-Bernburg

Alexius Friedrich Christian 1796 – 1834

1   ½ Konventionstaler

Vs.:   ALEXIUS FRIED. CHRISTIAN HERZOG ZU ANHALT
       XX EINE FEINE MARK   (Jahr)   Mmz. ·H·S·
Rs.:   Ohne Umschrift
Rand: Kettenrand

AKS 3 – Jaeger 50

1806	100.–	250.–	400.–
1808	100.–	280.–	450.–
1809	100.–	250.–	400.–

2   Konventionstaler

Vs.:   ALEXIUS FRIEDRICH CHRISTIAN HERZOG ZU
      ANHALT & / X EINE FEINE MARK   (Jahr)   Mmz. ·H·S·

Rs.:   Ohne Umschrift

Rand: Kettenrand

Dav. 501 – AKS 2 – Jaeger 51a+b – T. 1

*Varianten: Abweichungen am Lorbeerkranz, 1809 auch mit
kleinerem Wappen.*

1806	1200.–	2500.–	6800.–
1809	1800.–	4000.–	8500.–

Alexander Carl 1834 – 1863

3   Ausbeutetaler

Vs.:   ALEXANDER CARL HERZOG ZU ANHALT
Rs.:   EIN THALER. XIV EINE FEINE MARK
         Schlägel und Eisen, gekreuzt
         SEGEN DES ANHALT. BERGBAUES 1834
Rand: GOTT MIT UNS

Dav. 502 – AKS 15 – Jaeger 59 – T. 2

1834	(15000)	150.–	350.–	750.–

4   Ausbeutetaler

Vs.:   ALEXANDER CARL HERZOG ZU ANHALT /
         SEGEN DES ANHALT. BERGBAUES Jahr
Rs.:   EIN THALER XIV EINE FEINE MARK Mzz. A
Rand: GOTT MIT UNS

Dav. 504 – AKS 16 – Jaeger 66 – T. 3

1846	(10000)	120.–	220.–	400.–
1852	(10000)	120.–	220.–	400.–
1855	(20000)	120.–	220.–	400.–

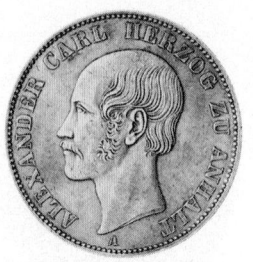 

5 **Vereinstaler**

Vs.: ALEXANDER CARL HERZOG ZU ANHALT   Mzz. A
Rs.: EIN VEREINSTHALER XXX EIN PFUND FEIN 1859
Rand: GOTT SEGNE ANHALT

Dav. 505 – AKS 14 – Jaeger 72 – T. 5

1859	(2400)	120.–	300.–	700.–

6 **Ausbeutevereinstaler**

Vs.: ALEXANDER CARL HERZOG ZU ANHALT
      SEGEN DES ANHALT. BERGBAUES   Jahr
Rs.: EIN THALER XXX EIN PFUND FEIN   Mzz. A
Rand: GOTT SEGNE ANHALT

Dav. 506 – AKS 17 – Jaeger 73 – T. 6

1861	(10000)	120.–	200.–	350.–
1862	(20000)	100.–	180.–	360.–

7   Doppeltaler

Vs.:   ALEX. CARL HERZOG ZU ANHALT   Mzz. A

Rs.:   2 THALER VII EINE F. MARK 3 ½ GULDEN
VEREINS (Jahr) MÜNZE

Rand: GOTT MIT UNS

Dav. 503 – AKS 13 – Jaeger 64 – T. 4

1840	(3600)	1500.–	2200.–	3800.–
1845	(7200)	1200.–	2200.–	3800.–
1855	(5000)	1200.–	2200.–	3800.–

Anhalt-Köthen

Heinrich 1830 – 1847

8   Doppeltaler

Vs.:   HEINRICH HERZOG ZU ANHALT   Mzz. A

Rs.:   2 THALER VII EINE F. MARK 3 ½ GULDEN
        VEREINS 1840 MÜNZE

Rand: GOTT SEGNE ANHALT

Dav. 507 – AKS 20 – Jaeger 74 – T. 7

| 1840 | (3100) | 2000.– | 3800.– | 6000.– |

Anhalt-Dessau

Leopold Friedrich 1817 – 1871

9 **Vereinstaler**

Vs.: LEOPOLD FRIEDRICH HERZOG ZU ANHALT Mzz. A
Rs.: EIN VEREINSTHALER XXX EIN PFUND FEIN 1858
Rand: GOTT SEGNE ANHALT

Dav. 509 – AKS 30 – Jaeger 76 – T. 9

1858	(26800)	120.–	360.–	900.–

10 **Vereinstaler**

Vs.: LEOPOLD FRIEDRICH HERZOG VON ANHALT   Mzz. A
Rs.: EIN VEREINSTHALER XXX EIN PFUND FEIN   Jahr
Rand: GOTT SEGNE ANHALT

Dav. 509 – AKS 30 – Jaeger 79 – T. 10

1866	(30880)	160.–	300.–	630.–
1869	(31520)	160.–	300.–	630.–

11 Vereinstaler (Vereinigungstaler)

Vs.: LEOPOLD FRIEDRICH HERZOG VON ANHALT   Mzz. A
Rs.: HERZOGTHUM ANHALT * GETHEILT 1603 VEREINT
1863 */ EIN THALER 30 EIN PF. F.
Rand: GOTT SEGNE ANHALT

Dav. 510 – AKS 35 – Jaeger 77 – T. 11

1863	(20300)	100.–	180.–	320.–

12 Doppeltaler

Vs.: LEOPOLD FRIEDRICH HERZOG ZU ANHALT   Mzz. A
Rs.: 2 THALER VII EINE F. MARK 3 ½ GULDEN
VEREINS (Jahr) MÜNZE
Rand: GOTT SEGNE ANHALT

Dav. 508 – AKS 29 – Jaeger 75 – T. 8

1839	(4700)	1400.–	2200.–	3300.–
1843	(4700)	1400.–	2200.–	3300.–
1846	(4700)	1400.–	2200.–	3300.–

Fürstentum Auersperg

Münzstätte:	Wien
Medailleur: I. N. WIRT	Johann Nepomuk Wirt, Wien

Wilhelm 1800 – 1822

13   Konventionstaler

Vs.:   WILHELMVS S. R. I. PR. AVERSPERG DVX
DE GOTSCHEE. Signatur I. N. WIRT. F.

Rs.:   COM. IN THENGEN ET SVP. HAER. PROV. CARN.
MARESCH. 1805.

Rand: VIRTVTE ET PRVDENTIA

Dav. 39 – Holzmair 5

1805	(972)	500.–	1000.–	1800.–

Großherzogtum Baden

Markgrafschaft	bis 1803
Kurfürstentum	1803 – 1806
Großherzogtum	ab 1806

Münzstätten:	Mannheim 1802 – 1826
	Karlsruhe ab 1827
	München

Medailleure und Münzmeister in Mannheim:

B oder HB	Hans Heinrich Boltshauser	1803 – 1812
F.E.	Franz Eberle, Münzwardein	1803 – 1805
E.	Eberhard	
D oder DOELL oder		
DOELL FEC. oder WD	Karl Wilhelm Doell	1812 – 1848
(Medailleur in Mannheim, dann in Karlsruhe)		

Medailleure und Münzmeister in Karlsruhe:

B oder BALBACH	Othemar Balbach	1810 – 1857
K	Ludwig Kachel, Münzwardein	1826 – 1874

Medailleur in München:

C. VOIGT	Carl Voigt

Kurfürstentum

Carl Friedrich 1746 – 1811 (als Kurfürst 1803 – 1806)

14   Konventionstaler

Vs.:   D: G · CAR · FRID · MARCH · BAD · & H · S · R · I ·
ELECT · C · PAL · RH · & ·   Signatur HB

Rs.:   AD NORMAM CONVENTION. 1803.   Mmz. F.E.

Rand: Laubrand

Dav. 513 – AKS 2 – Jaeger 7 – T. 12

1803	(675)	4200.–	6000.–	15000.–

Großherzogtum

Carl Friedrich 1746 – 1811 (als Großherzog 1806 – 1811)

15 Konventionstaler

Vs.: CARL FRIEDRICH GROSHERZOG VON BADEN
Signatur B
Rs.: ZEHN EINE FEINE MARK (Jahr) Mmz. E
Rand: Laubrand

Dav. 514 – AKS 11 – Jaeger 14 – T. 13

Varianten: 1810 ohne Mmz. E

1809	(6210)	1400.–	3800.–	9000.–
1810	(2810)	1500.–	3800.–	6000.–
1811	(3880)	1500.–	3200.–	6000.–

Variante ohne Mmz. E

Carl Ludwig Friedrich 1811 – 1818

16 Kronentaler

Vs.: GROSHERZOGTHUM BADEN Jahr
Rs.: 1 KRONEN THALER Signatur D
Rand: Laubrand

Dav. 515 – AKS 24 – Jaeger 20 – T. 14

Variante: 1813 mit größerer Jahreszahl

1813		500.–	1200.–	3000.–
1814	(35520)	500.–	1200.–	3000.–

Variante mit größerer Jahreszahl 1813

17 Kronentaler

Vs.: GROSHERZOGTHUM BADEN * Jahr *
Rs.: 1 KRONEN / THALER Signatur D
Rand: Laubrand

Dav. 515 – AKS 25 + 50 – Jaeger 21 – T. 15

1814		500.–	1000.–	2000.–
1815	(38270)	400.–	850.–	1800.–
1816	(35660)	350.–	800.–	1800.–
1817	(52070)	350.–	800.–	1800.–
1818	(38950)	420.–	950.–	2200.–
1819		800.–	1800.–	3500.–

1817 mit römischer und arabischer
1 in der Jz. ↑ Möller, 31. A. (7./8.10. 0:
Nr. 24 + 25

Ludwig 1818 – 1830

18 Kronentaler

Vs.: LUDWIG GROSHERZOG VON BADEN Signatur DOELL
Jahr
Rs.: Bekröntes Wappen KRONEN – THALER
Rand: Laubrand

Dav. 516 – AKS 52 – Jaeger 24 – T. 16

1819		950.–	2500.–	5000.–
1820	(38460)	950.–	3500.–	6000.–
1821	(19290)	1100.–	3500.–	6000.–

19 Kronentaler

Vs.: LUDWIG GROSHERZOG VON BADEN 1819 Signatur WD
Rs.: Bekröntes Wappen KRONEN – THALER
Laubrand

Dav. 516 – AKS 51 – Jaeger 23 – T. 16 A

1819	1500.–	3000.–	6000.–

20 Doppelgulden

Vs.: LUDWIG GROSHERZOG VON BADEN Signatur D
Rs.: Bekröntes Wappen zwischen 2 G und Olivenzweigen   Jahr
Rand: TRAU SCHAU WEM

Dav. 517 – AKS 54 – Jaeger 32 – T. 17

1821	(30380)	650.–	1200.–	4700.–
1822	(19900)	500.–	1000.–	4000.–
1823	(7040)	580.–	1500.–	4300.–
1824	(16660)	450.–	1000.–	4000.–
1825	(6640)	450.–	1000.–	3700.–

21 Taler

Vs.: LUDWIG GROSHERZOG VON BADEN. * Jahr *
Rs.: EIN THALER ZU 100 KRZR. / IM KRONENTHLR. FUSS.
Rand: Kerbrand

Dav. 518 – AKS 53 – Jaeger 41 – T. 18

1829	(167750)	280.–	570.–	900.–
1830	(100550)	280.–	570.–	900.–

Carl Leopold Friedrich 1830 – 1852

22 Doppelgulden

Vs.: LEOPOLD GROSHERZOG VON BADEN Signatur D
Rs.: ZWEI GULDEN Jahr
Rand: Vertiefte Vierecke

Dav. 527 – AKS 91 – Jaeger 63 – T. 27

1846	(591720)	150.–	400.–	900.–
1847	(231820)	150.–	400.–	900.–
1848	(272720)	150.–	400.–	900.–
1849	(40730)	300.–	700.–	1500.–
1850	(139610)	200.–	500.–	1000.–
1851	(124330)	200.–	500.–	1000.–
1852	(141860)	150.–	420.–	900.–

23   Kronentaler

Vs.:   LEOPOLD GROSHERZOG VON BADEN Signatur
       DOELL FEC.

Rs.:   KRONEN THALER   Jahr

Rand: Kerbrand

Dav. 519 – AKS 77 bis 82 – Jaeger 47 – T. 19

*Varianten: 1832 auch mit Stern unter der Jahreszahl, 1832
und 1833 auch mit Stern unter der Jahreszahl und Punkt
nach BADEN, ab 1833 generell mit Punkt nach BADEN,
1834 und 1836 mit KRONEN-THALER, 1836 auch mit
großer 6 in der Jahreszahl.*

1830	(237870)	300.–	700.–	1500.–
1831	(168080)	280.–	520.–	1000.–
1832	(176240)	280.–	520.–	1000.–
1833	(115200)	280.–	520.–	1000.–
1834	(35840)	280.–	520.–	1000.–
1835	(74750)	280.–	520.–	1000.–
1836	(85480)	280.–	520.–	1000.–
1837		280.–	520.–	1000.–

24   Kronentaler

Vs.:   LEOPOLD GROSHERZOG VON BADEN Signatur DOELL

Rs.:   * ALEXANDRINE * LUDWIG * FRIEDRICH * WILHELM *
unten * KRONENTHALER * im Zentrum UND / SOPHIE /
GROSHERZOGIN / VON BADEN / BESUCHEN DIE /
MÜNZSTAETTE / DEN 29 FEBR. 1832. / HEIL IHNEN

Rand: Kerbrand

Dav. 520 – AKS 83 – Jaeger 48 – T. 20

1832		1800.–	3000.–	4200.–

25   Ausbeutekronentaler

Vs.:   LEOPOLD GROSHERZOG VON BADEN. Signatur DOELL

Rs.:   SEGEN DES BADISCHEN BERGBAUES
KRONEN–THALER 1834

Rand: Kerbrand

Dav. 521 – AKS 84 – Jaeger 49 – T. 21

1834	(6510)	500.–	1200.–	2800.–

26   Ausbeutekronentaler

Vs.:   LEOPOLD GROSHERZOG VON BADEN. Signatur DOELL
Rs.:   SEGEN DES BADISCHEN BERGBAUES.
       KRONEN-THALER   1836 im Schild GLÜCK AUF !
Rand: Kerbrand

Dav. 522 – AKS 85 – Jaeger 50 – T. 22

1836	(8250)	500.–	1200.–	2500.–

27   Ausbeutekronentaler (Zwitterprägung)

Vs.:   SEGEN DES BADISCHEN BERGBAUES.
       KRONEN-THALER 1836   im Schild GLÜCK AUF!
Rs.:   KRONEN THALER 1836

AKS 86 – Jaeger 50 Anm. – T. 22 A

1836	LP

28 Kronentaler

Vs.: LEOPOLD GROSHERZOG VON BADEN
KRONEN–THALER

Rs.: ZU IHRER VOELKER HEIL 1836   Mmz. K

Rand: Kerbrand

Dav. 523 – AKS 87 – Jaeger 51 – T. 23

1836	(18100)	250.–	370.–	650.–

29 Doppeltaler

Vs.: LEOPOLD GROSHERZOG VON BADEN   Signatur C. VOIGT

Rs.: 3 ½ GULDEN 2 THALER   (Jahr)   VEREINSMÜNZE
VII EINE F. MARK

Rand: CONVENTION VOM 30 JULY 1838

Dav. 524 – AKS 88 – Jaeger 57 – T. 24

1841	(231260)	400.–	1200.–	2500.–
1842	(33080)	500.–	1500.–	3000.–
1843	(35300)	500.–	1500.–	3000.–

30 **Doppeltaler**

Vs.: LEOPOLD GROSHERZOG VON BADEN Mmz. C. VOIGT

Rs.: SEINEM VATER CARL FRIEDERICH DEM GESEGNETEN
MDCCCXXXXIV darunter VII E · F · M ·

Rand: CONVENTION VOM 30 JULY 1838

Dav. 525 – AKS 110 – Jaeger 59 – T. 25

1844	(4320)	350.–	800.–	1500.–

31 **Doppeltaler (Zwitterprägung)**

Vs.: SEINEM VATER CARL FRIEDERICH DEM GESEGNETEN
MDCCCXXXXIV darunter VII E · F · M ·

Rs.: 3 ½ GULDEN VII EINE F. MARK 2 THALER
VEREINS 1845 MÜNZE

Rand: glatt

AKS 111 – Jaeger 59 Anm. – T. 25 A

1845   LP

32   Doppeltaler

Vs.:   LEOPOLD GROSHERZOG VON BADEN   Signatur D

Rs.:   3 ½ GULDEN VII EINE F. MARK 2 THALER
        VEREINS (Jahr) MÜNZE

Rand: CONVENTION VOM 30 JULY 1838

Dav. 526 – AKS 89 – Jaeger 64 – T. 26

*Variante: 1846, 1847 und 1852 auch mit achtstrahligen
statt sechsstrahligen Sternchen zwischen den Worten der
Randschrift.*

1845	(57290)	350.–	850.–	1800.–
1846	(1130)	900.–	2000.–	3500.–
1847	(30810)	350.–	1000.–	2000.–
1852	(59930)	320.–	900.–	1700.–

*Probe 1847 mit Sign. C. Voigt u. kl.
Krone, T 131. A. Künker, Nr. 4753*

Friedrich I. als Prinzregent 1852 – 1856

33   Doppelgulden

Vs.: FRIEDRICH PRINZ UND REGENT VON BADEN
Signatur C. VOIGT

Rs.: ZWEY GULDEN 1856

Rand: Vertiefte Vierecke

Dav. 529 – AKS 116 – Jaeger 70 – T. 29

1856	(8372320)	800.–	1300.–	2800.–

34   Doppeltaler

Vs.:   FRIEDRICH PRINZ UND REGENT VON BADEN
         Signatur BALBACH

Rs.:   3 ½ GULDEN VII EINE F. MARK 2 THALER
         VEREINS (Jahr) MÜNZE

Rand: CONVENTION VOM 30 JULY 1838

Dav. 528 – AKS 114 – Jaeger 71a – T. 28

Variante: 1854 mit veränderter Signatur

1852	(9)			LP
1854	(85110)	2000.–	4500.–	7500.–

35 Doppeltaler

Vs.: FRIEDRICH PRINZ UND REGENT VON BADEN

Rs.: 3 ½ GULDEN VII EINE F. MARK 2 THALER
VEREINS 1855 MÜNZE

Rand: CONVENTION VOM 30 JULY 1838

AKS 115 – Jaeger 71b – T. 28 A

1855	(2)	LP

*In der Auktion der Kurpfälzischen Münzhandlung (KPM) im Mai 1975 wurde dieser
Doppeltaler in vorzüglicher Erhaltung für 96 500.– DM zugeschlagen.*

Friedrich I. 1856 – 1907

36 Vereinstaler

Vs.: FRIEDRICH GROSHERZOG VON BADEN
Rs.: EIN VEREINSTHALER XXX EIN PFUND FEIN   Jahr
Rand: MÜNZVERTRAG VOM 24 JANUAR 1857

Dav. 530 – AKS 123 – Jaeger 79 – T. 30

Varianten: 1858 auch mit fünfblättriger Rosette in der Randschrift, 1859 gibt es nur mit der fünfstrahligen Rosette in der Randschrift

1857	(18590)	250.–	500.–	1400.–
1858	(231660)	130.–	380.–	700.–
1859	(288760)	130.–	380.–	700.–
1860	(173590)	130.–	380.–	700.–
1861	(358240)	130.–	380.–	700.–
1862	(399740)	130.–	380.–	700.–
1863	(325990)	130.–	380.–	700.–
1864	(321900)	130.–	380.–	700.–
1865	(265150)*⁾	130.–	380.–	700.–

) Zusammen mit der Nr. 37

37   Vereinstaler

Vs.:   FRIEDRICH GROSHERZOG VON BADEN

Rs.:   EIN VEREINSTHALER XXX EIN PFUND FEIN   Jahr

Rand: MÜNZVERTRAG VOM 24 JANUAR 1857

Dav. 531 – AKS 124 – Jaeger 85 – T. 31

1865	(265150)[*]	180.–	450.–	1000.–
1866	(149280)	150.–	380.–	700.–
1867	(96380)	150.–	380.–	700.–
1868	(101970)	150.–	380.–	700.–
1869	(62400)	160.–	380.–	750.–
1870	(21510)	160.–	380.–	750.–
1871		200.–	500.–	900.–

*) Zusammen mit der Nr. 36

Bistum Bamberg

Münzstätte: Nürnberg

Medailleur:
D   Anton Paul Dallinger

Christoph Franz von Buseck 1795 – 1802

38   ½ Konventionstaler

Vs.:   CHRISTOPH FRANZ B: ZU BAMB: D: H. R. R. FÜRST
Rs.:   NACH DEM CONVENTIONS FUSE / XX EINE FEINE
       MARK / 18:00
Rand: Laubrand
       Krug 432

1800	300.–	600.–	1000.–

39 ½ **Konventionstaler**

Vs.: CHRISTOPH FRANZ B: ZU BAMB: D: H. R. R. FÜRST
(veränderte Stadtansicht)

Rs.: NACH DEM CONVENTIONS FUSE / XX EINE FEINE
MARK darunter Punkt / 1800 darunter Punkt

Rand: Laubrand

Krug 433

1800	300.–	600.–	1000.–

40 ½ **Konventionstaler**

Vs.: CHRISTOPH FRANZ B: ZU BAMB: D. H. R. R. FÜRST
(größeres Brustbild)

Rs.: NACH DEM CONVENTIONS FUSE / XX EINE FEINE
MARK / 18..00

Rand: Laubrand

Krug 434

Variante: Mit Signatur D auf der Vs.

1800	450.–	800.–	1300.–

41 **½ Konventionstaler**

Vs.: CHRISTOPH FRANZ B: ZU BAMB: D. H. R. R. FÜRST
(kleineres Brustbild)

Rs.: NACH DEM CONVENTIONS FUSE / XX EINE FEINE
MARK / 18.00

Rand: Laubrand

Krug 434b

1800   LP

42 **Konventionstaler**

Vs.: CHRISTOPH FRANZ BISCHOF ZU BAMBERG DES· H:
R: R: FÜRST 1800

Rs.: NACH DEM CONVENTIONSFUSE / X EINE· FEINE
MARK im Abschnitt BAMBERG

Rand: Laubrand

Dav. 1940 – Krug 435

1800   420.–   700.–   1200.–

43 Konventionstaler

Vs.: CHRISTOPH FRANZ BISCHOF ZU BAMBERG DES· H· R· R· FÜRST. 1800

Rs.: NACH DEM CONVENTIONSFUSE / X EINE· FEINE MARK im Abschnitt BAMBERG

Rand: Laubrand

Dav. 1941A – Krug 436

1800		450.–	750.–	1300.–

44 Konventionstaler

Vs.: CHRISTOPH FRANZ BISCHOF ZU BAMBERG DES· H· R· R· FÜRST. 1800

Rs.: NACH DEM CONVENTIONSFUSE. / X EINE FEINE MARK· im Rahmen unten BAMBERG

Rand: Laubrand

Dav. 1941 – Krug 437

1800		550.–	850.–	1500.–

Königreich Bayern

Kurfürstentum	bis 1806
Königreich	1806 – 1918

Münzstätten:	Mannheim für die Rheinpfalz (1802)
	München

Medailleure in München:

C.D.	Cajetan Destouches
C. VOIGT	Carl Friedrich Voigt
J. oder JOS. LOSCH	Joseph Losch
J. RIES	Johann Adam Ries

Medailleure und Münzmeister in Mannheim:

F.E.	Friedrich Eberle, Münzwardein
B.	Hans Heinrich Boltshauser

Kurfürstentum

Maximilian IV. Joseph 1799 – 1825
(als Kurfürst 1799 – 1806)

45 **½ Konventionstaler**

Vs.: D · G · MAX · IOS · C · P · R · V · B · D · S · R · I · A · & ·
EL · D · I · C · & · M ·

Rs.: PRO DEO ET PATRIA   Jahr.

Rand: Laubrand

AKS 10

1800	2200.–	4800.–	6500.–
1801	2800.–	5200.–	7000.–
1802	2800.–	5200.–	7000.–
1803	3200.–	5500.–	7500.–

46 **½ Konventionstaler**

Vs.: MAXIMILIAN IOSEPH CHURFÜRST ZU PFALZBAIERN.

Rs.: FÜR GOTT UND VATERLAND.   Jahr.

Rand: Laubrand

AKS 11

1804	500.–	800.–	1800.–
1805	500.–	800.–	1800.–

1803

47 **½ Schulpreistaler (½ Konventionstaler)**

Vs.: **Maximilian Joseph Churfürst zu Pfalzbaiern.**

Rs.: **Lohn des Fleißes.**

Rand: Laubrand

AKS 34

*Variante: Mit **Max***

o. J.	650.–	1200.–	2000.–

48   **½ Schulpreistaler (½ Konventionstaler)**

Vs.:   **Max Joseph Churfürst zu Pfalzbaiern** am Armabschnitt
Signatur JOS. LOSCH

Rs.:   **Lohn des Fleißes**

Rand: Laubrand

AKS 35

Varianten: Vs. ohne Signatur; Rs. ohne Kranzschleife

o. J.   1300.–   2700.–   5000.–

49   **½ Schulpreistaler (½ Konventionstaler)**

Vs.:   **Maximilian Joseph Churfürst in Baiern.** am Armabschnitt Signatur J. LOSCH

Rs.:   **Lohn des Fleißes.**

Rand: Laubrand

AKS 36

o. J.   1500.–   2800.–   5000.–

50 **Konventionstaler**

Vs.: D · G · MAX · IOS · C · P · R · V · B · D · S · R · I · A · & · EL · D · I · C · & · M ·

Rs.: PRO DEO ET POPULO   Jahr

Rand: Laubrand

Dav. 540 – AKS 4 – T. 32

1800	330.–	750.–	2000.–
1801	330.–	750.–	2000.–
1802	380.–	780.–	2500.–

51   Konventionstaler

Vs.:   D · G · MAXIM · IOSEPH · C · P · R · V · B · D · S · R · I ·
A · & · EL ·

Rs.:   PRO DEO ET POPULO 1802

Rand: Laubrand

Dav. 542 – AKS 5 var. – T. 33

1802	5000.–	12000.–	22000.–

52   Konventionstaler

Vs.:   D · G · MAX · IOSEPH · C · P · R · V · B · D · S · R · I · A ·
& · EL ·

Rs.:   PRO DEO ET POPULO   Jahr

Rand: Laubrand

Dav. 541 – AKS 5 – T. 34

1802	7000.–	20000.–	30000.–
1803	7500.–	23000.–	35000.–

53 **Konventionstaler (für die Rheinpfalz)**

Vs.: D · G · MAX · IOS · C · P · R · V · B · D · S · R · I · A · & · EL · D · I · C · & · M · Signatur B

Rs.: PRO DEO ET POPULO / X · EINE F · MARK · 1802 zwischen den Zweigen PAL · RH · Mmz. F· E·

Dav. 544 – AKS 6 – T. 35

1806		8000.–	25000.–	40000.–

54 **Konventionstaler**

Vs.: MAXIMILIAN IOSEPH CHURFÜRST IN BAIERN Signatur C.D.

Rs.: PRO DEO ET POPULO 1802

Rand: ZEHEN EINE FEINE MARK

Dav. 543 – AKS 7 – T. 36

1802	LP

Dieser Taler wurde im Oktober 1988 in Basel (Münzen & Medaillen AG) in Stempelglanz inklusive Gebühren für rund 74000.– DM versteigert.

55   Konventionstaler

Vs.: MAXIMILIAN IOSEPH CHURFÜRST IN BAIERN   Signatur C.D.
Rs.: GOTT UND DAS VATERLAND · 1803
Rand: Laubrand

Dav. 545 – AKS 8 – T. 37

Variante: Ohne C.D., aber mit Punkt nach BAIERN ·

1803	420.–	1100.–	2200.–

Variante ohne C.D. im Armabschnitt

56 **Konventionstaler**

Vs.: MAXIMILIAN IOSEPH CHURFÜRST ZU PFALZBAIERN ·
Rs.: GOTT UND DAS VATERLAND ·   Jahr.
Rand: ZEHEN EINE FEINE MARK

Dav. 546 – AKS 9 – T. 38

1803	650.–	2200.–	3800.–
1804	600.–	2100.–	3500.–
1805	700.–	2400.–	4000.–

57 **Konventionstaler**

Vs.: MAXIMILIAN IOSEPH CHURFÜRST ZU PFALZBAIERN ·
Rs.: FÜR GOTT UND VATERLAND . Jahr.
Rand: ZEHEN EINE FEINE MARK

Dav. 547 – AKS 9 var. – T. 39

1804 α	4000.–	7000.–	18000.–
1805	350.–	1300.–	2000.–

α *Variante: Randschrift EHEN statt ZEHEN*

58   Preistaler (Konventionstaler)

Vs.:   MAXIMILIAN IOSEPH CHURFÜRST ZU PFALZBAIERN.

Rs.:   LOHN DER ERZIEHER VERWAISTER IUGEND.

Rand: ZEHEN EINE FEINE MARK

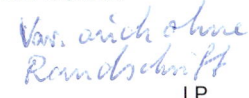

AKS 30 – Witt. 2454

o. J. (1802/03)   LP

59   Preistaler (Konventionstaler)

Vs.:   MAXIMILIAN IOSEPH CHURFÜRST IN BAIERN
        Signatur C.D.

Rs.:   LOHN DER ERZIEHER VERWAISTER IUGEND.

Rand: ZEHEN EINE FEINE MARK

AKS 31 – Witt. 2455

Variante: Ohne Randschrift

o. J. (1803/05)   LP

49

60   Preistaler (Konventionstaler)

Vs.:   MAXIMILIAN IOSEPH CHURFÜRST ZU PFALZBAIERN.

Rs.:   LOHN FÜR DIE ERZIEHUNG VERLASSENER KINDER
         im Abschnitt ZUM ACKERBAU ·

Rand: ZEHEN EINE FEINE MARK

AKS 32 – Witt. 2456

Variante: Ohne Randschrift

o. J. (1803/05)   LP

Königreich

Maximilian IV. Joseph 1799 – 1825
(als König Maximilian I. Joseph 1806 – 1825)

61 ½ Schulpreistaler (½ Konventionstaler)

Vs.: 𝕸𝖆𝖝𝖎𝖒𝖎𝖑𝖎𝖆𝖓 𝕵𝖔𝖘𝖊𝖕𝖍 𝕶𝖔̈𝖓𝖎𝖌 𝖛𝖔𝖓 𝕭𝖆𝖎𝖊𝖗𝖓.

Rs.: 𝕷𝖔𝖍𝖓 𝖉𝖊𝖘 𝕱𝖑𝖊𝖎𝖟𝖊𝖘.

Rand: Laubrand

AKS 62 – Jaeger 17

| o. J. | (ca. 1500) | 600.– | 1200.– | 2500.– |

Geprägt 1806 – 1808

62 ½ Schulpreistaler (½ Konventionstaler)

Vs.: 𝕸𝖆𝖝𝖎𝖒𝖎𝖑𝖎𝖆𝖓 𝕵𝖔𝖘𝖊𝖕𝖍 𝕶𝖔̈𝖓𝖎𝖌 𝖛𝖔𝖓 𝕭𝖆𝖎𝖊𝖗𝖓.

Rs.: 𝕷𝖔𝖍𝖓 𝖉𝖊𝖘 𝕱𝖑𝖊𝖎𝖟𝖊𝖘.

Rand: Laubrand

AKS 63 – Jaeger 18

| o. J. | | 700.– | 1500.– | 2800.– |

63   **½ Schulpreistaler (½ Konventionstaler)**
Vs.:   MAXIMILIAN JOSEPH KÖNIG VON BAIERN
Rs.:   LOHN DES FLEISSES.
Rand: Laubrand

AKS 64 – Jaeger 19

| o. J. | (ca. 25000) | 500.– | 900.– | 1800.– |

Bis 1837 geprägt

64   Kronentaler

Vs.:   MAXIMILIANUS IOSEPHUS BAVARIAE REX
Rs.:   PRO DEO ET POPULO   Jahr.
Rand: BAIERISCHER KRONTHALER

Dav. 552 – AKS 44 – Jaeger 14 – T. 44

*Varianten: 1809 auch mit Laubrand; 1811 auch ohne
Punkt nach Jahr; 1813 mit JOEPHUS (Jaeger 14F)*

1809	(929920)	160.–	370.–	700.–
1810	(648770)	180.–	400.–	900.–
1811	(114020)	250.–	600.–	1200.–
1812	(1160600)	150.–	400.–	850.–
1813	(835520)	150.–	400.–	850.–
1814	(1015400)	150.–	400.–	850.–
1815	(681440)	150.–	400.–	850.–
1816	(2261280)	130.–	280.–	650.–
1817	(334610)	150.–	400.–	850.–
1818	(163610)	150.–	400.–	900.–
1819	(286570)	150.–	400.–	900.–
1820	(115930)	220.–	500.–	1000.–
1821	(206160)	150.–	400.–	900.–
1822	(29470)	200.–	500.–	1000.–
1823	(27240)	200.–	530.–	1400.–
1824	(41590)	200.–	530.–	1400.–
1825	(75690)	180.–	400.–	900.–

*Der Jahrgang 1812 wurde als Erstabschlag in der 58. Auktion (19./20. Juni 2000) von
F. R. Künker, Osnabrück, für 1600.– DM zugeschlagen.*

65 **Konventionstaler**

Goldab-
schlag
zu 20 Dук.

Vs.: MAXIMILIAN IOSEPH KÖNIG VON BAIERN.
Rs.: FÜR GOTT UND VATERLAND. 1806.
Rand: ZEHEN EINE FEINE MARK

Dav. 548 – AKS 45 – Jaeger 3 – T. 40

1806	600.–	1750.–	3500.–

66 **Konventionstaler**
Vs.: MAXIMILIAN IOSEPH KÖNIG VON BAIERN.
Rs.: FÜR GOTT UND VATERLAND. 1806.
Rand: ZEHEN EINE FEINE MARK

Dav. 549 – AKS 46 – Jaeger 4 – T. 41

1806	4500.–	9000.–	1600.–

r 00

67 Konventionstaler

Vs.:   MAXIMILIAN IOSEPH KÖNIG VON BAIERN.

Rs.:   FÜR GOTT UND VATERLAND. 1807.

Rand: ZEHEN EINE FEINE MARK

Dav. 550 – AKS 47 – Jaeger 12 – T. 42

1807	15000.–	35000.–	50000.–

Die von Jaeger und im AKS angegebene Prägezahl (ca. 100000) steht im Widerspruch zur Seltenheit des Talers. Es müßte quasi die beinahe komplette Stückzahl wieder eingeschmolzen worden sein.

68   Konventionstaler

Vs.:   MAXIMILIAN IOSEPH KÖNIG VON BAIERN.
Rs.:   FÜR GOTT UND VATERLAND. Jahr.
Rand: ZEHEN EINE FEINE MARK

Dav. 551 – AKS 48 – Jaeger 13 – T. 43

1807		320.–	670.–	1200.–
1808	(55200)	270.–	630.–	1000.–
1809	(8930)	450.–	1000.–	2000.–
1810	(6720)	450.–	1000.–	2000.–
1811	(10890)	320.–	900.–	1700.–
1812	(8430)	350.–	900.–	1700.–
1813	(5880)	420.–	1000.–	2000.–
1814	(4570)	450.–	1200.–	2200.–
1815	(6910)	450.–	1200.–	2000.–
1816	(10820)	370.–	800.–	2100.–
1817	(4630)	450.–	900.–	2200.–
1818		400.–	950.–	2200.–
1819		400.–	950.–	2200.–
1820	(3970)	450.–	900.–	2200.–
1821	(3820)	450.–	900.–	2200.–
1822		380.–	750.–	1800.–

69   Konventionstaler (Verfassungstaler)

Vs.:   MAXIMILIANUS IOSEPHUS BAVARIÆ REX

Rs.:   MAGNUS AB INTEGRO SÆCLORUM NASCITUR
ORDO im Abschnitt XXVI MAII MDCCCXVIII
Inschrift auf dem Stein CHARTA MAGNA BAVARIÆ

Rand: ZEHEN EINE FEINE MARK

Dav. 553 – AKS 59 – Jaeger 15 – T. 45

*Im Handel sind verschiedene Proben mit abweichender
Rs.-Umschrift oder glattem Rand.*

1818	(40000)	150.–	300.–	450.–

*Variante: kleinerer Kopf KPM 12/00
größerer Abstand in Jz.!*

70 Konventionstaler

Vs.: MAXIMILIAN IOSEPH KÖNIG VON BAIERN
Rs.: FÜR GOTT UND VATERLAND   Jahr.
Rand: ZEHEN EINE FEINE MARK

Dav. 554 – AKS 49 – Jaeger 16 – T. 46

1822	(51230)	480.–	1000.–	2200.–
1823	(46780)	650.–	1500.–	2700.–
1824	(3900)	580.–	1000.–	2400.–
1825	(1930)	600.–	1200.–	1800.–

71 Preistaler (Konventionstaler)

Vs.: MAXIMILIAN IOSEPH KÖNIG VON BAIERN.

Rs.: LOHN FÜR DIE ERZIEHUNG VERLASSENER KINDER
im Abschnitt ZUM ACKERBAU ·

Rand: ZEHEN EINE FEINE MARK

AKS 61 – Witt. 2471 – Jaeger 19 II

Variante: Ohne Randschrift

o. J.   LP

72 Doppelter Preistaler (Konventionsdoppeltaler)

Vs.: MAXIMILIAN IOSEPH KÖNIG VON BAIERN.

Rs.: LOHN DER ERZIEHER VERWAISTER IUGEND.

Rand: glatt

AKS 60 – Witt. 2473 – Jaeger 19 I

o. J.   LP

Ludwig I. 1825 – 1848

73 Doppelgulden

Vs.: LUDWIG I KŒNIG VON BAYERN   Signatur C. VOIGT
Rs.: ZWEY GULDEN   Jahr
Rand: Vertiefte Vierecke

Dav. 594 – AKS 77 – Jaeger 63 – T. 89

1845	(883300)	100.–	230.–	450.–
1846	(1523180)	100.–	250.–	480.–
1847	(1490960)	100.–	230.–	450.–
1848	(950400)			

*Die Prägezahl des Jahrgangs 1848 enthält auch die in diesem Jahr geprägten
Exemplare von Nr. 117.*

74 Kronentaler

Vs.: LUDWIG KOENIG VON BAYERN
Rs.: GERECHT UND BEHARRLICH   Jahr
Rand: BAYERISCHER KRONTHALER

Dav. 556 – AKS 75 – Jaeger 84 – T. 47

M 23

Variante: 1827, LUDWIG mit spiegelverkehrtem „D"

1825				LP
1826	(51470) *54872*	270.–	750.–	1800.–
1827	(65680) *104283*	350.–	900.–	2200.–
1828	(78860) *85768*	250.–	750.–	1800.–
1829	(93880) *80558*	500.–	1100.–	2500.–

75   Kronentaler

Vs.:   LUDWIG I KOENIG VON BAYERN
Rs.:   GERECHT UND BEHARRLICH   Jahr
Rand: BAYERISCHER KRONTHALER

Dav. 565 – AKS 76 – Jaeger 30 – T. 48

1830	(78380)	350.–	650.–	1500.–
1831	(47310)	350.–	650.–	1500.–
1832	(54690)	350.–	650.–	1500.–
1833	(42350)	350.–	800.–	1800.–
1834	(14640)	350.–	650.–	1500.–
1835	(8810)	350.–	800.–	1800.–
1836	(49600)	350.–	550.–	1500.–
1837	(163730)	300.–	480.–	1000.–

76 Geschichtstaler (Konventionstaler)

Vs.: LUDWIG I KŒNIG VON BAYERN / ZEHN EINE FEINE
MARK Signatur C. VOIGT

Rs.: TRITT DIE REGIERUNG DES LANDES AN im Abschnitt
AM 13 OCTOBER 1825

Rand: Riffelrand

Dav. 555 – AKS 112 – Jaeger 31 – T. 49

1825	350.–	680.–	1200.–

77 Geschichtstaler (Konventionstaler)

Vs.: LUDWIG I KŒNIG VON BAYERN / ZEHN EINE FEINE
MARK Signatur C. VOIGT

Rs.: DEM VERDIENSTE SEINE KRONEN REICHENBACH ·
FRAUNHOFER 1826

Rand: Riffelrand

Dav. 558 – AKS 114 – Jaeger 32 – T. 51

1826	350.–	700.–	1200.–

78   Geschichtstaler (Konventionstaler)

Vs.:   LUDWIG I KŒNIG VON BAYERN / ZEHN EINE FEINE
MARK Signatur C. VOIGT

Rs.:   VERLEGUNG DER LUDWIG MAXIMILIANS HOCH-
SCHULE VON LANDSHUT NACH MÜNCHEN 1826

Rand: Riffelrand

Dav. 557 – AKS 115 – Jaeger 33 – T. 50

1826	400.–	700.–	1200.–

79   Geschichtstaler (Konventionstaler)

Vs.:   LUDWIG I KŒNIG VON BAYERN / ZEHN EINE FEINE
MARK Signatur C. VOIGT

Rs.:   BAYERISCH-WÜRTEMBERGISCHER ZOLLVEREIN
GESCHLOSSEN 1827

Rand: Riffelrand

Dav. 559 – AKS 116 – Jaeger 34 – T. 52

1827	350.–	700.–	1200.–

80 Geschichtstaler (Konventionstaler)

Vs.: LUDWIG I KŒNIG VON BAYERN / ZEHN EINE FEINE
MARK Signatur C. VOIGT

Rs.: STIFTUNG DES LUDWIGS-ORDENS 1827

Rand: Riffelrand

Dav. 560 – AKS 118 – Jaeger 35 – T. 53

| 1827 | 350.– | 750.– | 1300.– |

81 Geschichtstaler (Konventionstaler)

Vs.: LUDWIG I KŒNIG VON BAYERN / ZEHN EINE FEINE
MARK Signatur C. VOIGT

Rs.: DIE KŒNIGIN VON BAYERN STIFTET DEN THERESIEN
ORDEN 1827

Rand: Riffelrand

Dav. 561 – AKS 119 – Jaeger 36 – T. 54

| 1827 | 350.– | 700.– | 1200.– |

82 **Geschichtstaler (Konventionstaler)**

Vs.: LUDWIG I KŒNIG VON BAYERN / ZEHN EINE FEINE
MARK Signatur C. VOIGT

Rs.: VERFASSUNGSSÆULE ERRICHTET VOM GR. V.
SCHŒNBORN im Abschnitt EINGEWEIHT 1828

Rand: Riffelrand

Dav. 562 – AKS 123 – Jaeger 38 – T. 55

1828	350.–	700.–	1200.–

83 **Geschichtstaler (Konventionstaler)**

Vs.: LUDWIG I KŒNIG VON BAYERN / ZEHN EINE FEINE
MARK Signatur C. VOIGT

Rs.: SEGEN DES HIMMELS 1828, Umschriften in den
Medaillons: THERESE KŒNIGIN VON BAYERN;
MAXIMILIAN P. V. B.; OTTO P. V. B.; LUITPOLD P. V. B.;
ADALBERT P. V. B.; MATHILDE P. V. B.; ADELGUNDE
P. V. B.; HILDEGARD P. V. B.; ALEXANDRA P. V. B.

Rand: Riffelrand

Dav. 563 – AKS 121 – Jaeger 37 – T. 56

1828	280.–	450.–	700.–

84   Geschichtstaler (Konventionstaler)

Vs.:　LUDWIG I KŒNIG VON BAYERN / ZEHN EINE FEINE
　　　MARK Signatur C. VOIGT

Rs.:　HANDELSVERTRAG ZWISCHEN BAYERN, PREUSSEN,
　　　WÜRTEMBERG UND HESSEN 1829

Rand:　Riffelrand

Dav. 564 – AKS 124 – Jaeger 39 – T. 57

1829	350.–	700.–	1100.–

85   Geschichtstaler (Konventionstaler)

Vs.:　LUDWIG I KŒNIG VON BAYERN / ZEHN EINE FEINE
　　　MARK Signatur C. VOIGT

Rs.:　BAYERNS TREUE im Abschnitt 1830

Rand:　Riffelrand

Dav. 566 – AKS 125 – Jaeger 40 – T. 58

1830	350.–	700.–	1100.–

86   Geschichtstaler (Konventionstaler)

Vs.:   LUDWIG I KŒNIG VON BAYERN / ZEHN EINE FEINE
MARK Signatur C. VOIGT

Rs.:   GERECHT UND BEHARRLICH im Abschnitt 1831

Rand: Riffelrand

Dav. 567 – AKS 126 – Jaeger 41 – T. 59

1831	550.–	900.–	1250.–

87   Geschichtstaler (Konventionstaler)

Vs.:   LUDWIG I KŒNIG VON BAYERN / ZEHN EINE FEINE
MARK Signatur C. VOIGT

Rs.:   OTTO PRINZ V. BAYERN GRIECHENLANDS ERSTER
KŒNIG im Abschnitt 1832

Rand: Riffelrand

Dav. 568 – AKS 127 – Jaeger 42 – T. 60

1832	350.–	700.–	1100.–

88   Geschichtstaler (Konventionstaler)

Vs.:   LUDWIG I KŒNIG VON BAYERN / ZEHN EINE FEINE
       MARK Signatur C. VOIGT

Rs.:   DENKMAHL DER DREYSSIG TAUSEND BAYERN
       WELCHE IM RUSSISCHEN KRIEGE DEN TOD FANDEN
       im Abschnitt 1833

Rand: Riffelrand

Dav. 570 – AKS 129 – Jaeger 44 – T. 62

1833	350.–	700.–	1500.–

89   Geschichtstaler (Konventionstaler)

Vs.:   LUDWIG I KŒNIG VON BAYERN / ZEHN EINE FEINE
       MARK Signatur C. VOIGT

Rs.:   ZOLLVEREIN MIT PREUSSEN, SACHSEN,
       HESSEN U. THÜRINGEN im Abschnitt 1833

Rand: Riffelrand

Dav. 569 – AKS 128 – Jaeger 43 – T. 61

1833	350.–	700.–	1150.–

90   Geschichtstaler (Konventionstaler)

Vs.:   LUDWIG I KŒNIG VON BAYERN / ZEHN EINE FEINE
        MARK Signatur C. VOIGT
Rs.:   EHRE DEM EHRE GEBÜHRT / LANDTAG 1834
Rand: Riffelrand

Dav. 571 – AKS 130 – Jaeger 45 – T. 63

1834		350.–	700.–	1100.–

91   Geschichtstaler (Konventionstaler)

Vs.:   LUDWIG I KŒNIG VON BAYERN / ZEHN EINE FEINE
        MARK Signatur C. VOIGT
Rs.:   DENKMAHL DER ANHÆNGLICHKEIT BAYERNS AN
        SEINEN HERRSCHERSTAMM / ERRICHTET ZU
        OBERWITTELSBACH 1834

Dav. 572 – AKS 131 – Jaeger 46 – T. 64

1834		350.–	700.–	1200.–

92   Geschichtstaler (Konventionstaler)

Vs.:   LUDWIG I KŒNIG VON BAYERN / ZEHN EINE FEINE
MARK Signatur C. VOIGT

Rs.:   BEYTRITT VON BADEN ZUM TEUTSCHEN ZOLLVER-
EIN 1835

Rand: Riffelrand

Dav. 573 – AKS 132 – Jaeger 47 – T. 65

1835		350.–	700.–	1200.–

93   Geschichtstaler (Konventionstaler)

Vs.:   LUDWIG I KŒNIG VON BAYERN / ZEHN EINE FEINE
MARK Signatur C. VOIGT

Rs.:   ERRICHTUNG DER BAYERISCHEN HYPOTHEKEN-
BANK im Abschnitt 1835

Rand: Riffelrand

Dav. 574 – AKS 133 – Jaeger 48 – T. 66

1835		370.–	780.–	1500.–

94 **Geschichtstaler (Konventionstaler)**

Vs.: LUDWIG I KŒNIG VON BAYERN / ZEHN EINE FEINE
MARK Signatur C. VOIGT

Rs.: DENKM. DER TRENNUNG DER KŒN. THERESE VON
IHREM SOHNE DEM KŒN. OTTO / ERRICHTET BEI
AIBLING VON BAYERISCHEN FRAUEN 1835

Rand: Riffelrand

Dav. 575 – AKS 134 – Jaeger 49 – T. 67

1835	350.–	700.–	1200.–

 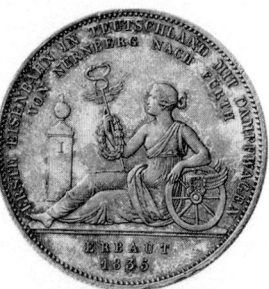

95 **Geschichtstaler (Konventionstaler)**

Vs.: LUDWIG I KŒNIG VON BAYERN / ZEHN EINE FEINE
MARK Signatur C. VOIGT

Rs.: ERSTE EISENBAHN IN TEUTSCHLAND MIT DAMPF-
WAGEN VON NÜRNBERG NACH FÜRTH im Abschnitt
ERBAUT 1835

Rand: Riffelrand

Dav. 576 – AKS 135 – Jaeger 50 – T. 68

1835	350.–	750.–	1200.–

96 Geschichtstaler (Konventionstaler)

Vs.: LUDWIG I KŒNIG VON BAYERN / ZEHN EINE FEINE
MARK Signatur C. VOIGT

Rs.: DENKMAHL DES KŒNIGS MAXIMILIAN JOSEPH
ERRICHTET VON DER HAUPTSTADT MÜNCHEN
im Abschnitt 1835

Rand: Riffelrand

Dav. 577 – AKS 136 – Jaeger 51 – T. 69

Variante: Verkürztes Zepter

1835	300.–	650.–	1000.–

97 Geschichtstaler (Konventionstaler)

Vs.: LUDWIG I KŒNIG VON BAYERN / ZEHN EINE FEINE
MARK Signatur C. VOIGT

Rs.: DEN BENEDIKTINERN WIEDER EINE LEHRANSTALT
ÜBERGEBEN im Abschnitt 1835

Rand: Riffelrand

Dav. 578 – AKS 137 – Jaeger 52 – T. 70

1835	350.–	750.–	1200.–

98 Geschichtstaler (Konventionstaler)

Vs.: LUDWIG I KŒNIG VON BAYERN / ZEHN EINE FEINE
MARK Signatur C. VOIGT

Rs.: BAYERN ERRICHTETEN DIE H. OTTOKAPELLE ZU
KIEFERSFELDEN / ZUM ANDENKEN AN KŒN. OTTO'S
ABSCHIED V. SEINEM VATERLANDE im Abschnitt 1836

Rand: Riffelrand

Dav. 579 – AKS 138 – Jaeger 53 – T. 71

1836	350.–	700.–	1100.–

99 Geschichtstaler (Konventionstaler)

Vs.: LUDWIG I KŒNIG VON BAYERN / ZEHN EINE FEINE
MARK Signatur C. VOIGT

Rs.: DER ST. MICHAELS-ORDEN ZUM VERDIENST-ORDEN
BESTIMMT 1837

Rand: Riffelrand

Dav. 580 – AKS 139 – Jaeger 54 – T. 72

1837	350.–	750.–	1200.–

100 Doppeltaler

Vs.: LUDWIG I KŒNIG VON BAYERN   Signatur C. VOIGT

Rs.: VEREINSMÜNZE / VII EINE F. MARK / 3 ½ GULDEN
2 THALER   Jahr

Rand: CONVENTION VOM 30 JULY 1838

Dav. 584 – AKS 73 – Jaeger 64 – T. 73

1839	(113000)	380.–	1000.–	2400.–
1840	(192950)	380.–	1000.–	2400.–
1841	(338800)	500.–	1300.–	3000.–

Die Prägezahlen enthalten auch die Geschichtsdoppeltaler.

101 Doppeltaler

Vs.: LUDWIG I KŒNIG VON BAYERN   Signatur C. VOIGT
Rs.: 3 ½ GULDEN VII EINE F. MARK 2 THALER / VEREINS-
MÜNZE   Jahr
Rand: CONVENTION VOM 30 JULY 1838

Dav. 589 – AKS 74 – Jaeger 65 – T. 74

1842	(84700)	380.–	1200.–	2800.–
1843	(276800)	320.–	650.–	1800.–
1844	(122200)	380.–	800.–	2000.–
1845	(166700)	380.–	800.–	2000.–
1846	(132600)	480.–	1100.–	2200.–
1847	(11900)	620.–	1500.–	2800.–
1848	(191900)	350.–	900.–	1900.–

Die Prägezahlen enthalten auch die Geschichtsdoppeltaler.

102 Geschichtsdoppeltaler

Av.: LUDWIG I KŒNIG VON BAYERN Signatur C. VOIGT

Rv.: MÜNZVEREINIGUNG SÜDTEUTSCHER STAATEN
im Abschnitt 1837

Rand: DREY-EINHALB GULDEN VII E. F. M.

Dav. 581 – AKS 98 – Jaeger 66 – T. 75

Variante: DREY EIN HALBER GULDEN VII E. F. M.

1837	350.–	650.–	1000.–

103 Geschichtsdoppeltaler

Av.: LUDWIG I KŒNIG VON BAYERN Signatur C. VOIGT

Rv.: DIE EINTHEILUNG D. KÖNIGREICHS AUF
GESCHICHTL. GRUNDLAGE ZURÜCKGEFÜHRT 1838
Inschriften in den Lorbeerkränzen: OBER BAYERN; NIED.
BAYERN; PFALZ; O. PFALZ; U. REG.; OBER FRANK;
MITT. FRANK; UNT. FR. U. ASCH; SCHWAB U. NEUB

Rand: DREY-EINHALB GULDEN VII E. F. M.

Dav. 582 – AKS 99 – Jaeger 67 – T. 76

1838	350.–	650.–	1000.–

104 Geschichtsdoppeltaler

Av.: LUDWIG I KŒNIG VON BAYERN Signatur C. VOIGT

Rv.: REITERSÄULE MAXIMILIAN'S I CHURFÜRSTEN V.
BAYERN im Abschnitt ERRICHTET V. KÖNIG LUDWIG I
1839

Rand: DREY-EINHALB GULDEN VII E. F. M.

Dav. 583 – AKS 100 – Jaeger 68 – T. 77

1839	350.–	650.–	1100.–

105   Geschichtsdoppeltaler

Av.:   LUDWIG I KŒNIG VON BAYERN   Signatur C. VOIGT

Rv.:   STANDBILD A. DÜRER'S ERRICHTET ZU NÜRNBERG
        1840

Rand: DREY-EINHALB GULDEN VII E. F. M.

Dav. 585 – AKS 101 – Jaeger 69 – T. 78

1840		380.–	700.–	1100.–

106   Geschichtsdoppeltaler

Av.:   LUDWIG I KŒNIG VON BAYERN   Signatur C. VOIGT

Rv.:   STANDBILD JEAN PAUL FRIEDRICH RICHTER'S
        ERRICHTET ZU BAYREUTH 1841

Rand: DREY-EINHALB GULDEN VII E. F. M.

Dav. 586 – AKS 102 – Jaeger 70 – T. 79

1841		380.–	730.–	1200.–

107 Geschichtsdoppeltaler

Av.: LUDWIG I KŒNIG VON BAYERN Signatur C. VOIGT
Rv.: WALHALLA im Abschnitt 1842
Rand: DREY-EINHALB GULDEN VII E. F. M.

Dav. 587 – AKS 103 – Jaeger 71 – T. 80

| 1842 | 350.– | 630.– | 1000.– |

108 Geschichtsdoppeltaler

Av.: LUDWIG I KŒNIG VON BAYERN Signatur C. VOIGT
Rv.: MAXIMILIAN KRONPR. V. BAYERN U. MARIE K. PRINZ.
V. PREUSS. / VERM. D. 12 OCTB. 1842

Dav. 588 – AKS 104 – Jaeger 72 – T. 81

Variante: Stempelfehler 1 OCTB. 1842 (hier abgebildet)

| 1842 | 350.– | 650.– | 1000.– |

109 Geschichtsdoppeltaler

Av.: LUDWIG I KŒNIG VON BAYERN Signatur C. VOIGT

Rv.: HUNDERTJÄHRIGE GRÜNDUNG DER HOCHSCHULE
ZU ERLANGEN / DURCH D. MARKGR. FRIEDR. V.
BRANDENB. BAYR. 1843

Rand: DREY-EINHALB GULDEN VII E. F. M.

Dav. 590 – AKS 105 – Jaeger 73 – T. 82

1843	400.–	750.–	1200.–

110 Geschichtsdoppeltaler

Av.: LUDWIG I KŒNIG VON BAYERN Signatur C. VOIGT

Rv.: FELDHERRNHALLE im Abschnitt 1844

Rand: DREY-EINHALB GULDEN VII E. F. M.

Dav. 591 – AKS 106 – Jaeger 74 – T. 83

1844	400.–	700.–	1250.–

111 Geschichtsdoppeltaler

Av.: LUDWIG I KŒNIG VON BAYERN   Signatur C. VOIGT

Rv.: STANDBILD DES CANZLER'S FREYHERRN V. KREITT-
MAYR / ERRICHTET IN MÜNCHEN 1845

Rand: DREY-EINHALB GULDEN VII E. F. M.

Dav. 592 – AKS 107 – Jaeger 75 – T. 84

1845	700.–	1400.–	2800.–

112 Geschichtsdoppeltaler

Av.: LUDWIG I KŒNIG VON BAYERN   Signatur C. VOIGT

Rv.: LUDWIG ERBPRINZ V. B. / GEB. 25. AUGUST /
LUDWIG KŒN. PRINZ V. B. / GEB. 7. JANUAR
im Abschnitt 1845

Rand: DREY-EINHALB GULDEN VII E. F. M.

Dav. 593 – AKS 108 – Jaeger 76 – T. 85

1845	400.–	900.–	1600.–

113 Geschichtsdoppeltaler

Av.: LUDWIG I KŒNIG VON BAYERN   Signatur C. VOIGT
Rv.: LUDWIGSCANAL im Abschnitt 1846
Rand: DREY-EINHALB GULDEN VII E. F. M.

Dav. 595 – AKS 109 – Jaeger 77 – T. 86

1846	500.–	1100.–	2100.–

114 Geschichtsdoppeltaler

Av.: LUDWIG I KŒNIG VON BAYERN   Signatur C. VOIGT
Rv.: STANDBILD DES FÜRSTBISCHOF'S JULIUS ECHTER
⸱ V. MESPELBRUNN / ERRICHTET ZU WÜRZBURG 1847
Rand: DREY-EINHALB GULDEN VII E. F. M.

Dav. 596 – AKS 110 – Jaeger 78 – T. 87

1847	750.–	1500.–	2600.–

115 Geschichtsdoppeltaler

Av.: LUDWIG I KŒNIG VON BAYERN   Signatur C. VOIGT

Rv.: LUDWIG I GIEBT DIE KRONE AN SEINEN SOHN
MAXIMILIAN im Abschnitt AM 20 MÆRZ 1848

Rand: DREY-EINHALB GULDEN VII E. F. M.

Dav. 597 – AKS 111 – Jaeger 79 – T. 88

1848	2700.–	5500.–	7000.–

Maximilian II. 1848 – 1864

116 Vereinstaler

Vs.: MAXIMILIAN II KŒNIG V. BAYERN   Signatur C. VOIGT
Rs.: EIN VEREINSTHALER · XXX EIN PFUND FEIN   Jahr
Rand: GOTT SEGNE BAYERN

Dav. 606 – AKS 149 – Jaeger 94 – T. 98

1857	(1560410)	100.–	250.–	450.–
1858	(2283470)	100.–	250.–	450.–
1859	(2661100)	100.–	250.–	450.–
1860	(2470740)	100.–	250.–	450.–
1861	(2682300)	100.–	250.–	450.–
1862	(2586500)	100.–	250.–	450.–
1863	(2586500)	100.–	250.–	450.–
1864	(1457690)	100.–	250.–	450.–

*In der Prägezahl des Jahrgangs 1864 ist auch der gleiche Jahrgang der Nr. 127
enthalten.*

117 Doppelgulden

Vs.:   MAXIMILIAN II KŒNIG V. BAYERN Signatur C. VOIGT
Rs.:   ZWEY GULDEN Jahr
Rand: Vertiefte Vierecke

Dav. 600 – AKS 150 – Jaeger 83 – T. 90

1848	(siehe Nr. 73)	100.–	230.–	400.–
1849	(741100)	100.–	230.–	380.–
1850	(914680)	100.–	230.–	380.–
1851	(1156770)	100.–	230.–	380.–
1852	(1355500)	100.–	230.–	380.–
1853	(634170)	100.–	230.–	380.–
1854	(429710)	100.–	230.–	380.–
1855	(584770)	120.–	260.–	450.–
1856	(510010)	120.–	240.–	400.–

118 **Doppelgulden**

Vs.:   MAXIMILIAN KŒNIG V. BAYERN Signatur C. VOIGT

Rs.:   ZUR ERINNERUNG AN DIE WIEDERHERSTELLUNG /
DER MARIENSÄULE IN MÜNCHEN 1855
PATRO-NA BAVA-RIÆ

Rand: ZWEY GULDEN

Dav. 604 – AKS 168 – Jaeger 84 – T. 97

1855	(ca. 1 000 000)	80.–	150.–	230.–

119 Doppeltaler

Vs.: MAXIMILIAN II KŒNIG V. BAYERN Signatur C. VOIGT
Rs.: 3 ½ GULDEN VII EINE F. MARK 2 THALER
      im Abschnitt VEREINSMÜNZE Jahr
Rand: CONVENTION VOM 30 JULY 1838

Dav. 601 – AKS 146 – Jaeger 85 – T. 91

1849	(1838)	500.–	1200.–	2500.–
1850	(34300)	420.–	1000.–	2000.–
1851	(126980)	320.–	680.–	1200.–
1852		320.–	750.–	1300.–
1853	(99500)	350.–	700.–	1200.–
1854	(361400)	300.–	500.–	1000.–
1855	(416900)	300.–	500.–	1000.–
1856	(141700)	300.–	500.–	1000.–

In den Prägezahlen der Jahrgänge 1849, 1854 und 1856 sind die Stückzahlen der Geschichtsdoppeltaler dieser Jahre enthalten.

120 Geschichtsdoppeltaler

Vs.: MAXIMILIAN II KŒNIG V. BAYERN Signatur C. VOIGT
Rs.: Inschrift auf dem Blatt VERFASSUNG im Abschnitt 1848
Rand: VEREINSMÜNZE VII EINE F. MARK

Dav. 598 – AKS 163 – Jaeger 86 – T. 92

Variante: DREY EIN HALB GULDEN XV EIN PFUND FEIN
Exemplare mit dieser Randschrift können erst nach dem
Münzvertrag von 1857 geprägt worden sein!

1848	650.–	1000.–	2000.–

121 Geschichtsdoppeltaler

Vs.: MAXIMILIAN II KŒNIG V. BAYERN Signatur C. VOIGT
Rs.: STANDBILD DES JOHANN CHRISTOPH RITTER VON GLUCK
      ERRICHTET IN MÜNCHEN V. KÖNIG LUDWIG I 1848
Rand: VEREINSMÜNZE VII EINE F. MARK

Dav. 599 – AKS 164 – Jaeger 87 – T. 93

Variante: Randschrift CONVENTION VOM 30 JULY 1838 = 119. A.

1848	3000.–	4500.–	6800.–

Kü
2107,
Nr. 484

122 Geschichtsdoppeltaler

Vs.: MAXIMILIAN II KŒNIG V. BAYERN Signatur C. VOIGT

Rs.: STANDBILD DES ROLAND DE LATRE GEN. ORLANDO
DI LASSO / ERRICHTET IN MÜNCHEN V. KÖNIG
LUDWIG I 1849

Rand: VEREINSMÜNZE VII EINE F. MARK

Dav. 602 – AKS 165 – Jaeger 88 – T. 94

| 1849 | 3000.– | 4500.– | 7500.– |

123 Geschichtsdoppeltaler

Vs.: MAXIMILIAN II KŒNIG V. BAYERN Signatur C. VOIGT

Rs.: ALLGEMEINE AUSSTELLUNG DEUTSCHER INDUSTRIE
UND GEWERBS-ERZEUGNISSE / MÜNCHEN 1854

Rand: VEREINSMÜNZE VII EINE F. MARK

Dav. 603 – AKS 166 – Jaeger 89 – T. 95

Variante: Randschrift CONVENTION VOM 30 JULY 1838

| 1854 | 370.– | 680.– | 1200.– |

124 Geschichtsdoppeltaler

Vs.: MAXIMILIAN II KŒNIG V. BAYERN Signatur C. VOIGT
Rs.: DENKMAHL DES KÖNIGS MAXIMILIAN II IN LINDAU
ERRICHTET V. D. STÄDTEN AN DER
SÜD-NORD-BAHN im Abschnitt 1856
Rand: DREY EIN HALB GULDEN XV EIN PFUND FEIN

Dav. 605 – AKS 167 – Jaeger 90 – T. 96

1856	(1152)	1000.–	1700.–	3000.–

125 Vereinsdoppeltaler

Vs.: MAXIMILIAN II KŒNIG V. BAYERN Signatur C. VOIGT
Rs.: ZWEI VEREINSTHALER XV EIN PFUND FEIN Jahr
Rand: GOTT SEGNE BAYERN

Dav. 607 – AKS 147 – Jaeger 95 – T. 99

1859	(28530)	4500.–	8000.–	15000.–
1860	(69420)	700.–	1300.–	3500.–

126   Vereinsdoppeltaler

Vs.: MAXIMILIAN II KŒNIG V. BAYERN Signatur C. VOIGT
Rs.: ZWEI VEREINSTHALER · XV EIN PFUND FEIN Jahr
Rand: GOTT SEGNE BAYERN

Dav. 608 – AKS 148 – Jaeger 96 – T. 100

1861	(28530)	900.–	1500.–	3000.–
1862	(8720)	1100.–	2000.–	3500.–
1863	(10580)	1100.–	2000.–	3800.–
1864	(8200)	1200.–	2400.–	4000.–

Ludwig II. 1864 – 1886

127 Vereinstaler

Vs.: LUDWIG II KŒNIG V. BAYERN   Signatur C. VOIGT
(Frisur mit Scheitel)

Rs.: EIN VEREINSTHALER · XXX EIN PFUND FEIN   Jahr

Rand: GOTT SEGNE BAYERN

Dav. 609 – AKS 173 – Jaeger 101 – T. 102

1864	(siehe Nr. 116)	380.–	1200.–	2500.–
1865	(1143900)	180.–	400.–	750.–
1866	(1075300)	200.–	450.–	800.–

In der Prägezahl des Jahrgangs 1866 ist auch der Jahrgang 1866 der Nr. 128 und 131 enthalten.

128 Vereinstaler

Vs.: LUDWIG II KŒNIG V. BAYERN   Signatur C. VOIGT
(Frisur ohne Scheitel)
Rs.: EIN VEREINSTHALER · XXX EIN PFUND FEIN   Jahr
Rand: GOTT SEGNE BAYERN

Dav. 612 – AKS 174 – Jaeger 104 – T. 103

1866	(siehe Nr. 127)	120.–	320.–	500.–
1867	(594630)	130.–	350.–	550.–
1868	(312330)	170.–	400.–	750.–
1869	(277250)	180.–	450.–	900.–
1870	(263580)	140.–	350.–	680.–
1871	(718020)	130.–	350.–	700.–

In den Prägezahlen sind die im betreffenden Jahr der Nr. 131 geprägten mit enthalten, im Jahrgang 1871 zusätzlich noch die Exemplare der Nr. 130.

129 Vereinstaler

Vs.: LUDWIG II KŒNIG V. BAYERN   Signatur C. VOIGT
Rs.: EIN VEREINSTHALER · XXX EIN PFUND FEIN 1871
Rand: GOTT SEGNE BAYERN

Dav. 613 – AKS 175 Var. – Jaeger 108 – T. 106 A

1871		1100.–	2200.–	4000.–

130 Vereinstaler

Vs.: LUDWIG II KŒNIG V. BAYERN Signatur J. RIES
Rs.: EIN VEREINSTHALER · XXX EIN PFUND FEIN 1871
Rand: GOTT SEGNE BAYERN

Dav. 614 – AKS 175 – Jaeger 109 – T. 106

1871 (siehe Nr. 128)	370.–	700.–	1200.–

131 Vereinstaler

Vs.: LVDOVICVS II BAVARIAE REX Signatur C. VOIGT
Rs.: PATRONA BAVARIÆ Jahr
Rand: XXX EIN PFUND FEIN

Dav. 611 – AKS 176 – Jaeger 105 + 107 – T. 104 + 105

o.J.	(110000)	80.–	140.–	230.–
1866		90.–	160.–	250.–
1867		90.–	160.–	250.–
1868		90.–	160.–	250.–
1869		100.–	190.–	280.–
1870		90.–	160.–	250.–
1871		90.–	160.–	250.–

Prägezahlen siehe Nr. 128

132 Vereinstaler (Siegestaler)

Vs.: LUDWIG II KŒNIG V. BAYERN   Signatur J. RIES
Rs.: DURCH KAMPF UND SIEG ZUM FRIEDEN
im Abschnitt FRIEDENSSCHLUSS
ZU FRANKFURT A. M. 10 MAI 1871
Rand: XXX EIN PFUND FEIN

Dav. 615 – AKS 188 – Jaeger 110 – T. 107

1871	(149580)	100.–	180.–	280.–

133 Vereinsdoppeltaler

Vs.: LUDWIG II KŒNIG V. BAYERN   Signatur C. VOIGT
Rs.: ZWEI VEREINSTHALER · XV EIN PFUND FEIN   Jahr
Rand: GOTT SEGNE BAYERN

Dav. 610 – AKS 172 – Jaeger 106 – T. 101

1865	(2490)	7200.–	17500.–	25000.–
1867	(1760)	8500.–	18000.–	27000.–
1869		7500.–	16000.–	25000.–

Großherzogtum Berg

Herzogtum   bis 1806
Großherzogtum   1806 – 1808

Münzstätte: Düsseldorf

Münzmeister:
P.R.   Peter Rüdesheim
T.S.   Theodor Stockmar

Maximilian IV. Joseph von Bayern, als Herzog von Berg 1799 – 1806

134 ½ Reichstaler (½ Bergischer Reichstaler)

Vs.:   D · G · MAX · IOS · C · P · R · V · B · D · S · R · I · A · &
       E L · D · I · C & M · Mmz. R.

Rs.:   BERGISCHE LANDMUNZ XXXII EINE FEINE MARK
       Jahr

Rand: Laubrand

AKS 3 – Jaeger 162

1803	700.–	2000.–	3500.–
1804	700.–	2000.–	3500.–

135   Reichstaler (Bergischer Reichstaler)

Vs.:   D · G · MAX · IOS · C · P · R · V · B · D · S · R · I · A · & ·
        EL · D · I · C · & · M ·   Mmz. P.R.

Rs.:   BERGISCHE LANDMUNZ XVI EINE FEINE MARK
        Jahr

Rand: Laubrand

Dav. 622 – AKS 1 – Jaeger 163 – T. 108

*Varianten: Kleinere Buchstaben, Abweichungen am
Porträt*

1802	1000.–	2000.–	5500.–
1803	1000.–	2000.–	5800.–
1804	1100.–	2200.–	6500.–
1805	1200.–	2500.–	7000.–

*Inkopminkations variante 1803,
in: 27. Auktion Möller (18./19. 9. 2000),
Nr. 153*

136 Reichstaler (Bergischer Reichstaler)

Vs.: D · G · MAX · IOS · C · P · R · V · B · D · S · R ·I · A · & EL
· D · I · C · & M · Mmz. T.S.

Rs.: BERGISCHE LANDMUNZ / XVI EINE FEINE MARK
Jahr

Rand: Laubrand

Dav. 623 – AKS 2 – Jaeger 167 – T. 109

1805	(9390)	1400.–	3500.–	6500.–
1806	(7040)	1600.–	3800.–	7800.–

Joachim Murat 1806

137 Reichstaler (Bergischer Reichstaler)

Vs.: IOACHIM HERZOG ZU BERG U: CLEVE Mmz. T:S.

Rs.: BERG: UND CLEVISCHE LAND MUNZ.
XVI EINE FEINE MARK 1806

Rand: Laubrand

Dav. 624 – AKS 9 – Jaeger 170 – T. 110

1806	(8350)	1600.–	3300.–	6000.–

Großherzogtum

Joachim Murat 1806 – 1808

138 Cassataler

Vs.: IOACHIM GROSHERZOG VON BERG   Mmz. T:S
Rs.: 1 BERGISCHER CASSA THALER 1807
Rand: Laubrand

Dav. 625 – AKS 10 – Jaeger 171 – T. 111

| 1807 | (784)[*] | 3800.– | 6500.– | 10000.– |

*) Zusammen mit Nr. 139

139 Cassataler

Vs.: IOACHIM GROSHERZOG VON BERG   Mmz. T:S
Rs.: 1 BERGISCHER CASSA THALER 1807
Rand: Laubrand

AKS 11 – Jaeger 172 – T. 112

| 1807 | (784)[*] | 7500.– | 12000.– | 25000.– |

*) Zusammen mit Nr. 138

Herzogtum Braunschweig

Münzstätten:	Braunschweig Mzz. M. C.
	Hannover

Münzmeister:

F.R.	Friedrich Ritter	1814 – 1820
C.v.C.	August Gotthelf Wilhelm	
	Cramer von Clausbruch	1817 – 1850
B.	Johann Wilhelm Christian Brumleu	1850 – 1860

Medailleur:

FRITZ oder FRITZ F.	Johannes George Fritz	1835 – 1852

Carl Wilhelm Ferdinand 1780 – 1806

140   XXIIII Mariengroschen

Vs.:   D· G· CAROLVS GVIL· FERD· DVX BRVNS·
ET· LV· Wertzahl ⅔ (Taler)

Rs.:   NACH DEM LEIPZIGER FVS 1800 / XXIIII MARIEN-
GROSCH· M· C· (Münz-Commission)

Rand: Laubrand

Welter 2910

Variante: Vs.-Umschrift endet auf L · (Knyph. 1630), hier abgebildet

1800		70.–	150.–	270.–

141   24 Mariengroschen

Vs.:   CAROLVS GVILIELMVS FERDINANDVS

Rs.:   D· G· DVX BRVNSVICENS· ET LVNEBVRGENS·
24 MARIENGROSCH: (Jahr) M· C· (Münz-Commission)
FEINES SILBER

Rand: Laubrand

Welter 2906

1800	130.–	250.–	500.–
1801	150.–	270.–	550.–
1802	170.–	300.–	650.–
1803	130.–	250.–	450.–
1804			LP
1805	130.–	250.–	500.–
1806	200.–	400.–	750.–

142 Konventionstaler

Vs.: CAROLVS GVIL · FERD · D · G · DVX BRVNSV · ET LVN ·

Rs.: X EINE FEINE MARK CONVENTIONS M ·
I SPECIES THALER 1801   Mzz. M · C ·

Rand: Laubrand

Dav. 630 A – T. 113

1801	LP

Friedrich Wilhelm 1806 – 1815

143 24 Mariengroschen

Vs.: FRIDERICVS GVILIELMVS

Rs.: D· G· DVX BRVNSVICENS· ET LVNEBVRGENS·
24 MARIENGROSCH: (Jahr)   Mmz· F·R·
FEINES SILBER

Rand: Laubrand

AKS 7 – Jaeger 210 – Welter 2940

Variante: 1815 GROSCH·

1814		400.–	700.–	1200.–
1815	(36000)	400.–	700.–	1200.–

Carl II. 1815 – 1830, unter Vormundschaft 1815 – 1823

144 24 Mariengroschen

Vs.:   GEORGIVS D· G· PRINC· REGENS

Rs.:   TVTOR· NOM· CAROLI DVCIS BRVNS· ET LVN·
24 MARIENGROSCH. (Jahr) Mmz· F· R·
FEINES SILBER·

Rand: Laubrand

AKS 27 – Jaeger 219 – Welter 2956

1815		170.–	320.–	400.–
1816	(27000)	150.–	270.–	350.–
1817	(18900)	150.–	270.–	350.–
1818	(16500)	170.–	320.–	400.–

145 24 Mariengroschen

Vs.:   GEORGIVS IV· D· G· REX BRITANNIAR·

Rs.:   TVTOR· NOM· CAROLI DVCIS BRVNS· ET LVN·
24 MARIENGROSCH· 1820 Mzz. M·C· (= Münz-
Commission) / FEINES SILBER·

Rand: Laubrand

AKS 28 – Jaeger 224 – Welter 2971

1820	(24000)	150.–	270.–	350.–

146 24 Mariengroschen

Vs.: GEORGIVS IV· D· G· REX BRITANNIAR·

Rs.: TVTOR· NOM· CAROLI DVCIS BRVNS· ET LVN·
24 MARIENGROSCH· (Jahr) Mmz· C· v· C·
FEINES SILBER

Rand: Laubrand

AKS 29 – Jaeger 231 – Welter 2972

1821	(28500)	150.–	280.–	350.–
1823	(30000)	150.–	280.–	350.–

½ Taler 1829 (J. 237 II, AKS 56)
= Probe ✓

147   24 Mariengroschen

Vs.:   CARL HERZOG ZU BRAUNS· U· LUEN·

Rs.:   ACHTZEHN STUECK EINE FEINE MARK
24 MARIENGROSCH: (Jahr)   Mmz. C. v. C.
FEINES SILBER

Rand: Laubrand

AKS 54 – Jaeger 238a – Welter 2993

*Variante: 1824 mit STUCK auf der Rs., 1824 mit
GROSCH· (hier abgebildet), 1828 mit Stern nach LUEN·*

1823		370.–	850.–	1200.–
1824	(32400)	370.–	850.–	1200.–
1825	(32000)	400.–	880.–	1250.–
1826	(40000)	370.–	850.–	1200.–
1828 }	(33750)	400.–	880.–	1250.–
1829 }		400.–	880.–	1250.–

Die Prägezahlen gelten zusammen mit den betreffenden Jahrgängen der Nr. 148.

148 24 Mariengroschen

Vs.: CARL HERZOG ZU BRAUNSCHW· U· LUEN·
Rs.: ACHTZEHN STUECK EINE FEINE MARK·
24 MARIENGROSCH· (Jahr)
Mmz. C. v. C. / FEINES SILBER
Rand: Laubrand

AKS 55 – Jaeger 238b – Welter 2993

1824	(32400)	150.–	270.–	400.–
1825	(32000)	170.–	300.–	420.–
1826	(40000)	150.–	270.–	400.–
1828 1829 }	(33750)	170.–	300.–	420.–

Die Prägezahlen gelten zusammen mit den betreffenden Jahrgängen der Nr. 147.

149 Konventionstaler

Vs.: GEORG IV. D. G. REX TVT. N. CAROLI DVC. BR. ET LVN.

Rs.: X EINE FEINE MARK CONVENTIONS M.
I SPECIES THALER 1821   Mmz. C. v. C.

Rand: glatt

Dav. 985 – AKS 26 – Jaeger 232 – T. 114

1821	3800.–	7000.–	14000.–

Es gibt auch einen Abschlag im Gewicht eines Doppeltalers.

Wilhelm 1831 – 1884

150 24 Mariengroschen

Vs.: WILHELM HERZOG ZU BRAUNSCHW. U. LUEN.

Rs.: ACHTZEHN STUECK EINE FEINE MARK.
24 MARIENGROSCH.   (Jahr)   Mmz. C. v. C.
FEINES SILBER

Rand: Laubrand

AKS 82 – Jaeger 241 – Welter 3099

1832	(32000)	130.–	250.–	400.–
1833	(27000)	130.–	250.–	400.–
1834	(30000)	130.–	250.–	400.–

151 **Taler**

Vs.: WILHELM HERZOG Z. BRAUNSCHWEIG U. L.
am Halsabschnitt FRITZ F.   Mmz. CvC

Rs.: EIN THALER XIV EINE F. M.   Jahr

Rand: NEC ASPERA TERRENT

Dav. 631 – AKS 77 – Jaeger 242 – T. 115

1837	(2788)	500.–	1400.–	2800.–
1838	(33210)	300.–	1200.–	2500.–

152 Taler

Vs.: WILHELM HERZOG Z. BRAUNSCHWEIG U. L.
Mmz. CvC

Rs.: EIN THALER XIV EINE F. M.   Jahr

Rand: NEC ASPERA TERRENT

Dav. 632 – AKS 78 – Jaeger 243b – T. 116 + 117

Variante: 1839 mit FRITZ F (mit und ohne Punkte) am Halsabschnitt (ss: 350.–; vz: 1500.–)

1839	(40850)	180.–	480.–	1400.–
1840	(85760)	180.–	480.–	1400.–
1841	(304300)	180.–	480.–	1400.–
1842	(117490)	180.–	480.–	1400.–
1848	(11090)	220.–	600.–	1500.–
1850	(12470)	280.–	1000.–	2500.–

Variante von 1839 mit FRITZ F

153 Taler

Vs.: WILHELM HERZOG Z. BRAUNSCHWEIG U. L. Mmz. B
Rs.: EIN THALER XIV EINE F. M. 1851
Rand: NEC ASPERA TERRENT

AKS 79 – Jaeger 249 – T. 120

1851	(7750)	350.–	1500.–	2800.–

154 Taler

Vs.: WILHELM HERZOG Z. BRAUNSCHWEIG U. LÜN.
      Mmz. B
Rs.: EIN THALER XIV EINE F. M. Jahr
Rand: NEC ASPERA TERRENT

Dav. 634 – AKS 80 – Jaeger 250 – T. 121

1853	(24140)	250.–	700.–	2000.–
1854	(97320)	150.–	550.–	1400.–
1855	(10240)	350.–	1200.–	2500.–

155 Vereinstaler

Vs.: WILHELM HERZOG Z. BRAUNSCHWEIG U. LÜN.
Mmz. (Mzz.) B

Rs.: EIN VEREINSTHALER XXX EIN PFUND FEIN   Jahr

Rand: NEC ASPERA TERRENT

Dav. 636 – AKS 81 – Jaeger 257 – T. 123

1858	(49080)	150.–	350.–	650.–
1859	(29650)	150.–	400.–	900.–
1865	(20000)	150.–	350.–	700.–
1866 ⎫		130.–	350.–	600.–
1867 ⎬ (107400)		150.–	380.–	700.–
1870 ⎭		150.–	380.–	700.–
1871	(48320)	130.–	350.–	550.–

156 Doppeltaler

Vs.:   WILHELM HERZOG Z. BRAUNSCHWEIG U. LÜN.
       am Halsabschnitt FRITZ F.   Mmz. CvC

Rs.:   2 THALER . VII EINE F. MARK. 3 ½ GULDEN
       VEREINS (Jahr) MÜNZE
       NEC ASPERA TERRENT

Rand: CONVENTION VOM 30 JULY 1838

Dav. 633 – AKS 72 – Jaeger 245 – T. 118

1842	(51610)	400.–	850.–	2500.–
1843	(68480)	400.–	850.–	2500.–
1844	(15030)	550.–	1200.–	3500.–
1845	(10560)	550.–	1200.–	3500.–
1846	(14750)	550.–	1200.–	3500.–
1847	(15230)	500.–	1000.–	3000.–
1848	(11240)	500.–	1000.–	3000.–
1849	(12510)	550.–	1200.–	3000.–
1850	(76790)*	550.–	1200.–	2500.–

*) Zusammen mit dem Jahrgang 1850 der Nr. 157

157 Doppeltaler

Vs.:   WILHELM HERZOG Z. BRAUNSCHWEIG U. LÜN.
       Mmz. B

Rs.:   2 THALER. VII EINE F. MARK. 3 ½ GULDEN
       VEREINS (Jahr) MÜNZE
       NEC ASPERA TERRENT

Rand: CONVENTION VOM 30 JULY 1838

AKS 73 – Jaeger 251a+b+c – Dav. 633 – T. 119

Variante: 1850 ohne Mmz. B

1850	(in Nr. 156 enthalten)	400.–	1200.–	2400.–
1851	(10430)	850.–	2200.–	6000.–
1852	(10860)	650.–	1400.–	2400.–
1854	(252800)	280.–	550.–	1200.–
1855	(620150)	280.–	550.–	1200.–

J. a, b, c erläutern

158   Doppeltaler

Vs.:   WILHELM HERZOG Z. BRAUNSCHWEIG U. LÜN.
      Mmz. B

Rs.:   ZUR FEIER DER 25 JAEHRIGEN REGIERUNG 1856

Rand: 2 TH 3 ½ G VII E. F. MARK VEREINSMÜNZE

Dav. 635 – AKS 97 – Jaeger 252 – T. 122

| 1856 | (17450) | 280.– | 450.– | 1000.– |

Bremen

Münzstätte: Hannover Mzz. B

159 36 Grote

Vs.: FREIE HANSESTADT BREMEN
Rs.: 36 GROTE (Jahr) 15 L. 14 G.
Rand: Vertiefte Quadrate

AKS 1 – Jaeger 21

1840	(170070)	80.–	150.–	320.–
1841	(44360)	100.–	170.–	350.–
1845	(84200)	80.–	150.–	320.–
1846	(85390)	80.–	150.–	320.–
1859	(121450)	80.–	150.–	320.–

160 36 Grote

Vs.: FREIE HANSESTADT BREMEN
Rs.: 36 GROTE (Jahr) 15 L. 14 G.
Rand: Vertiefte Quadrate

AKS 2 – Jaeger 25

1859	(50000)	100.–	170.–	350.–
1864	(100000)	80.–	150.–	320.–

161 Taler

Vs.: FREIE HANSESTADT BREMEN / EIN THALER GOLD
Rs.: ZUR 50 JÄHRIGEN JUBELFEIER DER BEFREIUNG
DEUTSCHLANDS 1863
Rand: GOTT MIT UNS

Dav. 626 – AKS 14 – Jaeger 26 – T. 124

1863	(20000)	120.–	200.–	350.–

Im Auftrag der Handelskammer in München geprägt! ↑ Köhne

162 Taler

Vs.: GOTT SEGNE HANDEL U. SCHIFFAHRT
Rs.: GEDENKTHALER ZUR ERÖFFNUNGS-FEIER DER
NEUEN BÖRSE IN BREMEN AM 5 NOVEMB. 1864
Mzz. B
Rand: glatt

Dav. 627 – AKS 15 – Jaeger 261 – T. 125

1864	(5000)	170.–	320.–	500.–

163 Taler

Vs.: FREIE HANSESTADT BREMEN / EIN THALER GOLD
Rs.: ZWEITES DEUTSCHES BUNDES-SCHIESSEN in
BREMEN 1865   Mzz. B
Rand: GOTT MIT UNS

Dav. 628 – AKS 16 – Jaeger 27 – T. 126

1865	(50000)	90.–	170.–	280.–

164 Taler (Siegestaler)

Vs.: FREIE HANSESTADT BREMEN / EIN THALER GOLD

Rs.: ZUR ERINNERUNG AN DEN GLORREICH ERKÄMPF-
TEN FRIEDEN VOM 10 MAI 1871   Mzz. B

Dav. 629 – AKS 17 – Jaeger 28 – T. 127

| 1871 | (60720) | 100.– | 170.– | 300.– |

Freie Stadt Frankfurt am Main

Münzstätte: Frankfurt am Main

Medailleure:
Z oder Zollmann   Johann Philipp Zollman   (Wiesbaden)
A. v. Nordheim   August von Nordheim   (Frankfurt am Main)

165   Vereinstaler

Vs.:   FREIE STADT FRANKFURT   Signatur A. v. NORDHEIM
Rs.:   EIN VEREINSTHALER XXX EIN PFUND FEIN 1857
Rand: STARK IM RECHT

Dav. 648 – AKS 6 – Jaeger 39 – T. 140

Keine Dächer vor dem Eschenheimer Turm

| 1857 | (1350) | 800.– | 1700.– | 3000.– |

166 Vereinstaler

Vs.: FREIE STADT FRANKFURT   Signatur A. v. NORDHEIM
Rs.: EIN VEREINSTHALER XXX EIN PFUND FEIN   Jahr
Rand: STARK IM RECHT

Dav. 648 – AKS 7 – Jaeger 40 – T. 141

Dächer vor dem Eschenheimer Turm

1857		700.–	1200.–	2500.–
1858	(11580)	170.–	550.–	1500.–

167 Vereinstaler

Vs.: FREIE STADT FRANKFURT
Rs.: EIN GEDENKTHALER ZU SCHILLER'S HUNDERT-
JÄHRIGER GEBURTSFEIER AM 10. NOV. 1859
Rand: STARK IM RECHT

Dav. 650 – AKS 43 – Jaeger 50 – T. 139

1859	(24560)	100.–	170.–	330.–

168 Vereinstaler

Vs.: FREIE STADT FRANKFURT   Signatur A. v. NORDHEIM
Rs.: EIN VEREINSTHALER XXX EIN PFUND FEIN   Jahr
Rand: STARK IM RECHT

Dav. 649 – AKS 8 – Jaeger 41 – T. 142

Varianten: Anzahl der Perlen am Kopf unterschiedlich

1859	(282880)	70.–	170.–	250.–
1860	(1699890)	50.–	150.–	200.–

169 Vereinstaler

Vs.: FREIE STADT FRANKFURT   Signatur A. v. NORDHEIM
Rs.: EIN VEREINSTHALER XXX EIN PFUND FEIN 1861
Rand: STARK IM RECHT

Dav. 652 – AKS 9 – Jaeger 42a – T. 143

1861	(16010)	450.–	1200.–	2500.–

br. Ronde 1865
↑ 74. Kroha
4/2001,
Nr. 752

170 Vereinstaler

Vs.: FREIE STADT FRANKFURT   Signatur A. v. NORDHEIM
Rs.: EIN VEREINSTHALER XXX EIN PFUND FEIN   Jahr
Rand: STARK IM RECHT

Dav. 652 – AKS 10 – Jaeger 42b – T. 144

1862	(312000)	90.–	150.–	300.–
1863	(21000)	130.–	250.–	400.–
1864	(105010)	80.–	150.–	300.–
1865	(206690)	80.–	150.–	280.–

171 Vereinstaler

Vs.: FREIE STADT FRANKFURT
Rs.: EIN GEDENKTHALER ZUM DEUTSCHEN
SCHÜTZENFESTE / JULI 1862
auf dem Sockel Signatur A. v. NORDHEIM
Rand: STARK IM RECHT

Dav. 653 – AKS 44 – Jaeger 51 – T. 146

1862	(44330)	80.–	150.–	250.–

172 Vereinstaler

Vs.: FREIE STADT FRANKFURT / EIN GEDENKTHALER

Rs.: FÜRSTENTAG ZU FRANKFURT AM MAIN IM AUGUST
1863   Signatur A. v. NORDHEIM

Rand: STARK IM RECHT

Dav. 654 – AKS 45 – Jaeger 52 – T. 147

| 1863 | (20300) | 130.– | 220.– | 400.– |

173 Doppelgulden

Vs.:   FREIE STADT FRANKFURT
Rs.:   2 GULDEN Jahr
Rand: Vertiefte Vierecke

Dav. 642 – AKS 5 – Jaeger 28 – T. 132

1845	(114490)	220.–	370.–	700.–
1846	(280760)	220.–	370.–	700.–
1847	(215030)	220.–	370.–	700.–
1848	(146570)	220.–	370.–	700.–
1849	(22540)	250.–	400.–	950.–
1850	(31470)	300.–	750.–	1800.–
1851	(32070)	250.–	400.–	900.–
1852	(25630)	300.–	500.–	950.–
1853	(56080)	300.–	500.–	700.–
1854	(6020)	350.–	550.–	900.–
1856	(36280)	250.–	400.–	850.–

174 Doppelgulden

Vs.: CONSTITUIRENDE VERSAMMLUNG I.D.F. STADT
FRANKFURT 1 MAI 1848

Rs.: BERATHUNG Ü. GRÜNDUNG E. DEUTSCHEN
PARLAMENTS 31 MÄRZ 1848

Rand: ZWEY GULDEN

AKS 37 – Jaeger 44 – T. 133

1848   (ca. 18)   LP

175 Doppelgulden

Vs.: CONSTITUIRENDE VERSAMMLUNG I.D.F. STADT
FRANKFURT 18. MAI 1848

Rs.: BERATHUNG Ü. GRÜNDUNG E. DEUTSCHEN
PARLAMENTS 31 MÄRZ 1848

Rand: ZWEY GULDEN oder vertiefte Vierecke

Dav. 643 – AKS 38 – Jaeger 45 – T. 134 + 134 A

*Variante: Zwittermünze der Rs. mit der Rs. der Kursmünze
(Nr. 173) zu 2 Gulden (LP)*

1848	(8600)	180.–	300.–	500.–

Zwittermünze aus der Rs. der Nr. 175 und der Rs. der Nr. 173

176 Doppelgulden

Vs.: CONSTITUIRENDE VERSAMMLUNG I.D.F. STADT
FRANKFURT 18. MAI 1848

Rs.: ERZHERZOG JOHANN VON OESTERREICH
ERWÄHLT ZUM REICHSVERWESER ÜBER
DEUTSCHLAND D. 29 IUNI 1848

Rand: ZWEY GULDEN oder vertiefte Vierecke

Dav. 644 – AKS 39 – Jaeger 46 – T. 135 + 135 A

*Variante: Zwittermünze der Rs. mit der Vs. der Kursmünze
zu 2 Gulden (LP)*

1848	(36060)	100.–	160.–	280.–

Au - Abschl.
76. UBS
1/08

Zwittermünze aus der Rs. der Nr. 176 und der Vs. der Nr. 173

177 Doppelgulden

Vs.: CONSTITUIRENDE VERSAMMLUNG I.D.F. STADT
FRANKFURT 18. MAI 1848

Rs.: FRIEDRICH WILHELM IV KOENIG VON PREUSSEN
ERWÄHLT ZUM KAISER DER DEUTSCHEN D. 28.
MÄRZ 1849

Rand: ZWEY GULDEN oder vertiefte Vierecke

Dav. 645 – AKS 40 – Jaeger 47 – T. 136

*Variante: Zwitterprägung der Rs. mit der Vs. der Kurs-
münze (Nr. 173) zu 2 Gulden (LP)*

1849	(200)	5000.–	7500.–	12000.–

178 Doppelgulden

Vs.: FREIE STADT FRANKFURT

Rs.: ZU GÖTHE'S HUNDERTJÄHRIGER GEBURTSFEIER
AM 28 AUGUST 1849

Rand: ZWEY GULDEN

Dav. 646 – AKS 41 – Jaeger 48 – T. 137

1849	(8500)	130.–	250.–	400.–

179 Doppelgulden

Vs.:   FREIE STADT FRANKFURT
Rs.:   ZUR DRITTEN SÄCULARFEIER DES RELIGIONS
       FRIEDENS VOM 25 SEPT. 1555 – 1855
Rand: ZWEY GULDEN

Dav. 647 – AKS 42 – Jaeger 49 – T. 138

1855	(31830)	130.–	220.–	380.–

180 Doppeltaler

Vs.:   ZUR V. SÄCULARFEIER DES MÜNZ-RECHTS DER
       STADT FRANKFURT A.M. / ERÖFFNUNG DER NEUEN
       MÜNZE SEPT. 1840
Rs.:   3 ½ GULDEN 2 THALER VII EINE FEINE MARK /
       VEREINSMÜNZE 1840
Rand: glatt

Dav. 639 – AKS 36 – Jaeger 13 – T. 129

1840	(649)	2000.–	3700.–	5500.–

181 Doppeltaler

Vs.: FREIE STADT FRANKFURT   Signatur Zollmann

Rs.: VEREINSMÜNZE VII EINE F. MARK 3 ½ GULDEN 2 THALER   Jahr

Rand: CONVENTION VOM 30 JULY 1838

Dav. 640 – AKS 3 – Jaeger 15 – T. 130

Variante: 1841 mit Schornsteinen auf den Dächern

1840	300.–	600.–	1200.–
1841*)	300.–	450.–	1000.–
1842			LP
1843*)	350.–	550.–	1200.–
1844*)	350.–	700.–	1500.–

*) Prägezahlen in den betreffenden Jahrgängen der Nr. 182 enthalten

182 Doppeltaler

Vs.: FREIE STADT FRANKFURT

Rs.: VEREINSMÜNZE VII EINE F. MARK 3 ½ GULDEN
2 THALER   Jahr

Rand: CONVENTION VOM 30 JULY 1838

Dav. 641 – AKS 2 – Jaeger 23 – T. 131 + 130 A

Variante: Zwittermünze aus der Vs. mit der Vs. der Nr. 181 (LP)

1841	(120690)	320.–	480.–	850.–
1842	(287370)	320.–	480.–	850.–
1843	(122940)	320.–	480.–	850.–
1844	(195630)	320.–	480.–	850.–
1845	(36290)	450.–	1000.–	1800.–
1846	(72120)	400.–	750.–	1400.–
1847	(70920)	350.–	550.–	1100.–
1851	(8350)	400.–	850.–	1400.–
1854	(107000)	350.–	550.–	1100.–
1855	(72010)	350.–	550.–	1100.–

Zwittermünze aus der Vs. der Nr. 182 und der Vs. der Nr. 181

183 Vereinsdoppeltaler

Vs.: FREIE STADT FRANKFURT Signatur A. v. NORDHEIM
Rs.: ZWEI VEREINSTHALER · XV EIN PFUND FEIN Jahr
Rand: STARK IM RECHT

Dav. 651 – AKS 4 – Jaeger 43 – T. 145

1860	(341300)	170.–	300.–	450.–
1861	(1786580)	150.–	240.–	340.–
1862	(344410)	160.–	260.–	350.–
1866	(637030)	140.–	240.–	330.–

Reichsburg Friedberg

Münzstätte: Frankfurt   Mzz. F

Münzmeister:
G.B.   Johann Georg Bunsen
G.H.   Johann Georg Hille, Wardein

Johann Maria Rudolph Graf Waldbott von Bassenheim 1777 – 1805

184 Konventionstaler

Vs.:   MON · NOV · CASTRI · IMP · FRIEDBERG: Mmz. G.B. (Mzz. F) G.H.

Rs.:   FRANC · II · D · G · R · I · S · A · CONSERVATOR CASTRI · 1804 · X · E · F · MARCK

Rand: Laubrand

Dav. 655 – Lej. 81 – T. 148

Variante: Zweizeilige Umschrift auf der Vs. (Lej. 82)

| 1804 | 850.– | 1600.– | 2500.– |

Fürstentum Fürstenberg

Münzstätte:	Stuttgart
Medailleur: I.L.W.	Johann Ludwig Wagner
Münzmeister: C.H.	Johann Christian Heuglin

Carl Joachim 1796 – 1804

185 Konventionstaler

Vs.: CAROLUS IOACHIM · D · G · PRINC · FURSTENBERG ·
Signatur I.L.W.

Rs.: AD NORMAM CONVENTIONIS 1804   Mmz. C.H.

Rand: Laubrand

Dav. 656 – AKS 1 – T. 149

1804	(388)	2200.–	3500.–	4500.–

Fürstprimatische Staaten

(siehe auch Fürstentum Regensburg)

Münzstätte:	Frankfurt am Main Mzz. F *(handschriftlich)*
Münzmeister:	
G.B.	Johann Georg Bunsen
G.H.	Johann Georg Hille, Wardein

Carl von Dalberg, Fürstprimas der Rheinischen Konföderation (Rheinbund) 1806 – 1813

186   Konventionstaler

Vs.: CARL FÜRST PRIMAS   Mmz. B
Rs.: X. EINE FEINE MARK 1808   Mmz. B. – H.
Rand: Laubrand

Dav. 808 – AKS 2 – Jaeger 3 + 3a – T. 128

Varianten: Unterschiede am Wappenmantel, Mmz. ohne Punkte (hier abgebildet), kleinere Inschrift der Rs. L

1808	800.–	1500.–	3000.–

(handschriftlich:) L und der Punkt nach X auf Mitte

Bistum Gurk

Münzstätte: Wien

Franz Xaver von Salm-Reifferscheid 1784 – 1822

187   Konventionstaler

Vs.:   FRANC D· G· EP· PRINC· GVRG· ANTIQ· COM· DE
         SALM REIFFERSCHEID

Rs.:   IN TE DOMINE SPERAVI· 1801·

Rand: Riffelrand

Dav. 40 – Holzmair, S. 66

1801	550.–	850.–	1300.–

Freie und Hansestadt Hamburg

Münzstätte: Hamburg

Münzmeister:
H. S. K.   Hans Schierven Knoph
C. A. I. G.   Ginquembre

188   **32 Schillinge**

Vs.:   17 EINE MARK FEIN Mmz. H. S. K.
Rs.:   32 SCHILLINGE HAMBURGER COURANT 1808
Rand: Verzierungen in Blütenform

AKS 12 – Jaeger 38

1808	(210000)	150.–	320.–	650.–

189 32 Schillinge

Vs.:   17. EINE MARK FEIN   Mmz.

Rs.:   32 SCHILLINGE HAMBURGER COURANT 1809.

Rand: Verzierungen in Blütenform

AKS 13 + 14 – Jaeger 39a+b

Mmz. H · S · K ·

1809	(390000)	130.–	270.–	450.–

Mmz. C · A · I · G ·

1809	130.–	270.–	450.–

Königreich Hannover

Kurfürstentum
Königreich ab 1814

Münzstätten: Clausthal   Mzz. C   1814 – 1844
                                      Mzz. A   1832 – 1849
                          Hannover   Mzz. B   ab 1844

Münzmeister:

G. F. M.	Georg Friedrich Michaelis, Clausthal	1802 – 1807
P. L. M.	Philipp Ludwig Magius, Clausthal	1792 – 1801
S.	Karl Schlüter, Hannover	1839 – 1844
B.	Ludwig August Brüel, Hannover	1817 – 1838
B.	Theodor Wilhelm Brüel, Hannover	1844 – 1868

Medailleure:

S	Georg Bernhard Stach	1805 – 1817
M	Ludwig Maaß	1818 – 1830
L	Dr. Lüders	1830 – 1833
W	Friedrich Welckner	1833 – 1849
BRANDT F.	Henri François Brandt	1840 – 1845
BREHMER F.	Heinrich Friedrich Brehmer	1846/64 – 1878

Kurfürstentum
Georg III. 1760 – 1820 (als Kurfürst 1760 – 1814)

190   **½ Cassataler**
      Vs.:   GEORG III · V · G · G · KÖNIG UND CHURFÜRST
              Signatur H
      Rs.:   ½ THALER HANNOVERISCH CASSEN=GELD 1801 Mzz. C
      Rand: Laubrand
              Welter 2820
              Variante: Mit CASSEN GELD

1801	(372)	650.–	1100.–	1800.–

191   24 Mariengroschen

Vs.:   GEORG · III · D · G · M. · BRIT · FR · & · HIB · REX · F · D ·
      N · D · REICHS · F · FEIN · SILBER · Wertzahl ⅔ (Taler)

Rs.:   BRUNS · & · LUN · DUX · S · R · I · A · TH · & · ELECT ·
      24 MARIENGROSCH: Jahr   Mmz. P. L. M.

Rand: Laubrand

Welter 2817

Varianten: 1800 auch mit den Mzz. C · oder E.C.

1800	100.–	180.–	280.–
1801	100.–	180.–	280.–

192   ⅔ Taler

Vs.:   GEORG · III · D · G · M · BRIT · FR · & · HIB · REX ·
      F · D · unter dem Kopfbild C · (Commission)

Rs.:   BRUNS. & LUN. DUX. S. R. I. A. TH. & ELECT. 1800
      Wertzahl ⅔

Rand: Riffelrand

Welter 2808

Variante: Mit Mmz. P. L. M. (hier abgebildet)

1800	150.–	300.–	500.–

193 **⅔ Taler**

Vs.: GEORG · III D · G · BRIT · REX F · D · B · & · L · DUX S · R · I · A · TH · & · EL ·

Rs.: 18 STÜCK EINE MARK FEIN · Wertzahl ⅔ Mzz. C (Commission)

Rand: Laubrand

Welter 2810

Variante: 1801 mit Signatur H am Halsabschnitt

1801	130.–	300.–	500.–
1802	130.–	300.–	500.–

194 ⅔ **Taler**

Vs.: GEORGIUS · III · D · G · BRITANNIARUM ·
REX · F · D · Mzz. oder Mmz.

Rs.: BRUNS · & · LUN · DUX · S · R · I · A · TH · & · ELECTOR ·
(Jahr ·) ⅔ / N · D · REICHS · FUSS · FEIN · SILBER ·

Rand: Kettenrand

Welter 2814

*Varianten: 1802 auch ohne Mmz., 1805 mit langem,
schrägem Bruchstrich wie bei der Nr. 195*

Mzz. C·

1801	100.–	170.–	300.–
1802	100.–	170.–	300.–

Mmz. G· F· M·

1803	100.–	170.–	300.–
1804	100.–	170.–	300.–
1805	100.–	170.–	300.–

195 **⅔ Taler**

Vs.: GEORGIUS · III · D · G · BRITANNIARUM ·
REX · F · D · Mmz. G. F. M.

Rs.: BRUNS · & · LUN · DUX · S · R · I · A · TH · & · ELECTOR
(Jahr ·) Wertzahl ⅔ / N · D · REICHS · FUSS · FEIN ·
SILBER ·

Rand: Kettenrand

Welter 2815

1805	100.–	170.–	300.–
1806	100.–	170.–	300.–
1807	100.–	170.–	300.–

196 ⅔ Taler

Vs.: GEORGIUS · III · D · G · BRITANNIARUM
REX F · D · Mzz. C ·

Rs.: BRUNS · & · LUNEB · DUX S · R · I · A · T · H · & ·
ELECT · (Jahr ·) Wertzahl ⅔
N · D · REICHS FUSS · FEIN SILBER ·

Rand: Kettenrand

AKS 6 + 7 – Jaeger 1a+b

*Varianten: 1813 ohne Punkte nach FUSS; 1814 auch mit
Signatur M am Halsabschnitt*

1813	150.–	300.–	450.–
1814	150.–	300.–	450.–

197 Cassataler

Vs.: GEORG III · V · G · G · KÖNIG UND CHURFÜRST
Rs.: I THALER HANNOVERISCH CASSEN=GELD 1801 Mzz. C
Rand: Laubrand

Dav. 660 – T. 150

u Ketten

1801	(126)	2000.–	4200.–	9000.–

Signatur H 145

Königreich

Georg III. 1760 – 1820 (als König 1814 – 1820)

198 16 Gute Groschen

Vs.:   GEORGIUS III · D · G · BRITANNIARUM · & Signatur M
XX · EINE · F · MARK

Rs.:   HANNOV · REX · BRUNS · & · LUNEB · DUX 1820
16 GUTE GROSCHEN CONVENTIONS-MÜNZE
FEIN SILBER

Rand: Kettenrand

AKS 9   Jaeger 13a

1820		1800.–	3500.–	4800.–

199 16 Gute Groschen

Vs.:   GEORGIUS III · D · G · BRITAN · & · HANNOV · REX
XX · EINE · F · MARK   Signatur M

Rs.:   BRUNSVICENS · & · LUNEBURGENS · DUX · 1820
16 GUTE GROSCHEN CONVENTIONS-MÜNZE
FEIN SILBER ·

Rand: Kettenrand

AKS 10 – Jaeger 13b

1820	LP

Georg IV. 1820 – 1830

200 16 Gute Groschen

Vs.: GEORGIUS IV · D · G · BRITAN · & · HANNOV · REX
XX · EINE F · MARK · Signatur M

Rs.: BRUNSVICENS · & · LUNEBURGENS · DUX · 1820
16 GUTE GROSCHEN CONVENTIONS-MÜNZE FEIN
SILBER ·

Rand: Kettenrand

AKS 31 – Jaeger 23a

1820	100.–	220.–	350.–

201 16 Gute Groschen

Vs.: GEORGIUS IV · D · G · BRITAN · & · HANNOV · REX
XX. EINE. F. MARK.   Signatur M

Rs.: BRUNSVICENS · & · LUNEBURGENS · DUX · 1820
16 GUTE GROSCHEN CONV · MÜNZE FEIN SILBER ·

Rand: Kettenrand

AKS 33 – Jaeger 23b

1820	120.–	320.–	500.–

202 16 Gute Groschen

Vs.:   GEORGIUS IV · D · G · BRITAN · & · HANNOV · REX
XX · E · F · MARK   Signatur M

Rs.:   BRUNSVICENS · & · LUNEBURGENS · DUX · 1820
16 GUTE GROSCHEN CONV · MÜNZE FEIN SILBER ·

Rand: Kettenrand

AKS 32 – Jaeger 23c

| 1820 | 100.– | 300.– | 450.– |

203 16 Gute Groschen

Vs.:   GEORGIUS IV · D · G · BRITAN · & · HANNOV · REX
XX · E · F · MARK   Signatur M

Rs.:   BRUNSVICENS · & · LUNEBURGENS · DUX · 1821
16 GUTE GROSCHEN CONV · MÜNZE FEIN · SILB ·

Rand: Kettenrand

AKS 34 – Jaeger 23d

Variante: Ohne Punkt nach FEIN

| 1821 | 150.– | 350.– | 550.– |

204 16 Gute Groschen

Vs.: GEORGIUS IV · D · G · BRITANN · ET · HANNOV · REX ·
XX · E · F · MARK   Signatur M

Rs.: BRUNSVICENSIS ET LUNEBURGENSIS DUX · 1821 ·
16 GUTE GROSCHEN / CONV · MÜNZE · FEIN SILB ·

Rand: Kettenrand

AKS 35 – Jaeger 23e

Varianten: BRITAN · & · HANNOV · REX ·;
BRITAN · & HANNOV · REX;
BRITAN · ET HANNOV · REX;
BRITAN · ET HANNOVERAE REX;
BRITANN · & · HANNOVERAE REX;
Stempelfehler BEITAN

1821		100.–	280.–	480.–

205 16 Gute Groschen

Vs.: GEORGIUS IV · D · G · BRITANN · ET · HANNOV · REX ·
XX · E · F · MARK · Signatur M

Rs.: BRUNSVICENSIS ET LUNEBURGENSIS DUX 1822
16 GUTE GROSCHEN FEINES SILB.

Rand: Kettenrand

AKS 36 – Jaeger 23f

Varianten: BRITAN · & · HANNOV · REX ·;
BRITAN · ET · HANNOV · REX ·

1822	180.–	450.–	650.–

206 16 Gute Groschen

Vs.: GEORGIUS IV · D · G · BRITAN · ET · HANNOV · REX ·
XX · E · F · MARK · Signatur M

Rs.: BRUNSVICENSIS ET LUNEBURGENSIS DUX ·
16 GUTE GROSCHEN 1822. / FEINES SILBER ·

Rand: Kettenrand

AKS 37 – Jaeger 23g

Varianten: BRITAN · & · HANNOV ·;
MARK ohne Punkt

1822	100.–	260.–	450.–

207   16 Gute Groschen

Vs.:   GEORGIUS IV · D · G · BRITANN · ET HANNOV · REX
       XX · E · F · MARK   Signatur M

Rs.:   BRUNSVICENSIS ET LUNEBURGENSIS DUX ·
       16 GUTE GROSCHEN (Jahr.) / FEINES SILBER ·

Rand: Kettenrand

AKS 38 – Jaeger 23h

Varianten: Jahrgänge 1822, 1823, 1825 mit BRITAN;
1825 hinter REX Stern, 1825 hinter GROSCHEN Punkt

1822	75.–	180.–	320.–
1823	75.–	180.–	320.–
1824	75.–	180.–	320.–
1825	75.–	180.–	320.–
1826	75.–	180.–	320.–
1827	75.–	180.–	320.–
1828	75.–	180.–	320.–
1829	75.–	180.–	320.–
1830	75.–	180.–	320.–

208 **⅔ Taler**

Vs.: GEORGIUS IV · D · G · BRITANN & HANNOV ·
REX · F · D · Mzz. C am Halsabschnitt Signatur M

Rs.: BRUNSVICENSIS & LUNEBURGENSIS DUX · (Jahr ·)
Wertzahl ⅔ / N · D · LEIPZIGER FUSSE · FEINES SILBER

Rand: Laubrand

AKS 39 – Jaeger 24a – d

Zahlreiche Varianten

1822	120.–	300.–	400.–
1823	120.–	300.–	400.–
1824	120.–	300.–	400.–
1825	120.–	300.–	400.–
1826	120.–	300.–	400.–
1827	120.–	300.–	400.–
1828	120.–	300.–	400.–
1829	120.–	300.–	400.–

1824 BRITAN

209 **⅔ Taler**

Vs.: GEORG. IV D. G. BRIT. & HANOV. REX F. D. BR. &. LUN. DUX.

Rs.: 18 STÜCK EINE MARK FEIN. (Jahr) Wertzahl ⅔ Mmz. B.

Rand: Riffelrand

AKS 40 – Jaeger 25a+b

Variante: 1828 GEORGIUS

1826	140.–	300.–	450.–
1827	140.–	300.–	450.–
1828	140.–	300.–	450.–

210 Ausbeutekonventionstaler

Vs.:　GEORG IV. KÖNIG V. GROSSBRITAN.
U. HANNOVER / FEINES SILBER

Rs.:　DES BERGWERKS WOHLFAHRT IST DES HARZES
GLÜCK
DIE GRUBE BERGWERKS-WOHLFAHRT BEI
CLAUSTHAL KAM IN AUSBEUTE 1830.
X EINE FEINE MARK

Rand:　glatt

Dav. 661 – AKS 54 – Jaeger 26a+b – T. 151

*Varianten: Jahreszahl klein mit eckiger 3; Jahreszahl
größer mit runder 3*

1830	1700.–	3800.–	5500.–

Wilhelm IV. 1830 – 1837

211 16 Gute Groschen

Vs.: WILHELM IV. V. G. G. KÖNIG D. V. R. GROSSBR. U.
IRL. / XX. E. F. MARK   Signatur M

Rs.: KÖNIG V. HANNOVER. HERZOG Z. BRAUNS. U.
LÜNEB. / 16 GUTE GROSCHEN (Jahr.)   Mzz. A
FEINES SILBER

Rand: Kettenrand

AKS 66 – Jaeger 33a

Variante: 1830 mit Signatur L

1830	80.–	180.–	320.–
1831	80.–	180.–	320.–
1832	100.–	200.–	350.–

überarbeiten

212　16 Gute Groschen

Vs.:　WILHELM IV. V. G. G. KÖNIG D. V. R. GROSSBR. U.
　　　　IRL. / XX E. F. MARK　Signatur L

Rs.:　KÖNIG V. HANNOVER HERZOG Z. BRAUNS. U.
　　　　LÜNEB. / 16 GUTE GROSCHEN (Jahr.)　Mzz. A
　　　　FEINES SILBER

Rand:　Kettenrand

AKS 66 – Jaeger 33b – e

*Varianten: 1832 auch mit Signatur M; 1832 auch ohne
Signatur; 1833 auch LUNEBRG. und LÜNEBR.; 1833
auch mit Signatur K (vz 1800.–); 1834 auch mit Signatur
W (LP) und KOENIG*

1832	100.–	200.–	350.–
1833	150.–	320.–	600.–
1834	100.–	200.–	350.–

*Die Ringprägung von 1834 mit glattem Rand wird von Jaeger (33 II) als Probe
bezeichnet.*

213 ⅔ **Taler**

Vs.: WILHELM IV v. G. G. KÖNIG v. GROSSBRIT. IRL. u.
HANNOVER auf dem Ordensband HONI SOIT QUI
MAL Y PENSE

Rs.: NACH DEM LEIPZIGER FUSSE. / FEINES SILBER
(Jahr.) Wertzahl ⅔

Rand: Laubrand

AKS 67 – Jaeger 34a+b

*Variante: FEINES 1833 SILBER, ohne Punkt nach FUSSE
(Jaeger 34b)*

1832	120.–	270.–	350.–
1833	120.–	270.–	350.–

Variante mit FEINES 1833 SILBER

214 **⅔ Taler**

Vs.: WILHELM IV V. G. G. KOENIG V. GR. BRIT. IRL. U.
HANNOV. am Halsabschnitt Signatur W
Rs.: NACH DEM LEIPZIGER FUSSE FEINES 1834. SILBER
Mzz. A Wertzahl ⅔
Rand: NEC ASPERA TERRENT

AKS 68 – Jaeger 36

1834	550.–	1200.–	2200.–

Von den Nummern 214 – 218 wurden zusammen 50 000 Stück ausgeprägt.

215 **⅔ Taler**

Vs.: WILHELM IV V. G. G. KOENIG V. GR. BRIT. IRL. U.
HANNOV. am Halsabschnitt Signatur W
Rs.: NACH DEM LEIPZIGER FUSSE FEINES SILBER / 1834
Mzz. A Wertzahl ⅔
Rand: Riffelrand

AKS 69 – Jaeger 38

1834	1000.–	3000.–	5500.–

Von den Nummern 214 – 218 wurden zusammen 50 000 Stück ausgeprägt.

216 ⅔ Taler

Vs.: WILHELM IV V. G. G. KOENIG V. GR. BRITT. IRL. U.
      HANNOV. am Halsabschnitt Signatur W

Rs.: NACH DEM LEIPZIGER FUSSE FEINES 1834. SILBER
      Mzz. A

Rand: NEC ASPERA TERRENT

AKS 69 var. – Jaeger 37

1834	1000.–	3000.–	5500.–

Von den Nummern 214 – 218 wurden zusammen 50 000 Stück ausgeprägt.

217 ⅔ Ausbeutetaler

Vs.: WILHELM IV V. G. G. KÖNIG V. GROSSBRIT. IRL. U.
      HANNOVER. / AUSBEUTE DER GRUBE
      BERGWERKS–WOHLFAHRT BEI CLAUSTHAL. Mzz. A.

Rs.: NACH DEM LEIPZIGER FUSSE FEINES 1833 SILBER
      Wertzahl ⅔

Rand: Laubrand

AKS 85 – Jaeger 35

1833	450.–	900.–	1400.–

Von den Nummern 214 – 218 wurden zusammen 50 000 Stück ausgeprägt.

218 **⅔ Taler**

Vs.: WILHELM IV V. G. G. KÖNIG V. GROSSBRIT. IRL. U.
HANNOV. am Halsabschnitt Signatur W

Rs.: XVIII EINE FEINE MARK FEINES 1834 SILBER
AUSBEUTE DER GRUBE BERGWERKS–WOHLFAHRT
B. CLAUSTHAL   Mzz. A

Rand: Riffelrand

AKS 86 – Jaeger 39

1834		6000.–	16000.–	28000.–

Von den Nummern 214 – 218 wurden zusammen 50 000 Stück ausgeprägt.

219 **Taler**

Vs.: WILHELM IV KOENIG V. GR. BRIT. U. HANNOVER
Mmz. B

Rs.: EIN THALER. XIV. EINE F. M. 1834

Rand: NEC ASPERA TERRENT

Dav. 662 – AKS 62 – Jaeger 49 – T. 152

1834	(44190)	280.–	850.–	2000.–

220 Taler

Vs.: WILHELM IV KOENIG V. GR. BRIT. U. HANNOVER
Mzz. A

Rs.: XIV EINE FEINE MARK FEINES SILBER / 1 THALER
Jahr

Rand: NEC ASPERA TERRENT

Dav. 663 – AKS 63 – Jaeger 51 – T. 153

1834	200.–	600.–	1800.–
1835	170.–	500.–	1500.–

221 Taler

Vs.: WILHELM IV KOENIG V. GR. BRIT. U. HANNOVER
Mzz. A

Rs.: EIN THALER XIV EINE F. M. FEINES (Jahr) SILBER

Rand: NEC ASPERA TERRENT

Dav. 664 – AKS 64 – Jaeger 52 – T. 154

1835	220.–	750.–	1800.–
1836	150.–	400.–	850.–
1837	150.–	400.–	850.–

222 **Taler**

Vs.: WILHELM IV KOENIG V. GR. BRIT. U. HANNOVER
Mmz. B
Rs.: EIN THALER XIV EINE F. M. 1836
Rand: NEC ASPERA TERRENT

Dav. 665 – AKS 65 – Jaeger 50 – T. 155

1836		220.–	750.–	1800.–

Ernst August 1837 – 1851

223 **⅔ Taler**

Vs.: ERNST AUGUST V. G. G. KOENIG VON HANNOVER
Mzz. A
Rs.: NACH DEM LEIPZIGER FUSSE FEINES (Jahr) SILBER
Rand: NEC ASPERA TERRENT

AKS 108 – Jaeger 62

1838		220.–	450.–	1000.–
1839		180.–	400.–	900.–

224 **Taler**

Vs.: ERNST AUGUST V. G. G. KOENIG VON HANNOVER
Mzz. A am Halsabschnitt Signatur W

Rs.: EIN THALER. XIV EINE F. M. FEINES (Jahr) SILBER

Rand: NEC ASPERA TERRENT

Dav. 666 – AKS 99 – Jaeger 63a+b – T. 156

Variante: Am Halsabschnitt erhabenes W

1838	200.–	580.–	1250.–

225 **Taler**

Vs.: ERNST AUGUST V. G. G. KOENIG VON HANNOVER
Mzz. A am Halsabschnitt Signatur W

Rs.: EIN THALER. XIV EINE F. M. FEINES (Jahr) SILBER

Rand: NEC ASPERA TERRENT

Dav. 667 – AKS 100 – Jaeger 64 – T. 157

1838	150.–	350.–	850.–
1839	150.–	350.–	850.–
1840	180.–	450.–	1100.–

226 Taler

Vs.: ERNST AUGUST V. G. G. KOENIG VON HANNOVER
Mzz. A am Halsabschnitt Signatur W

Rs.: Glück auf! CLAUSTHAL IM SEPTEMBER 1839

Rand: NEC ASPERA TERRENT

Dav. 668 – AKS 131 – Jaeger 65 – T. 158

1839	400.–	700.–	1700.–

227 Taler

Vs.: ERNST AUGUST V. G. G. KOENIG VON HANNOVER
Mzz. A

Rs.: EIN THALER. XIV EINE F. M. FEINES (1840) SILBER

Rand: NEC ASPERA TERRENT

Dav. 669 – AKS 101 – Jaeger 66 – T. 159

1840	20000.–	35000.–	45000.–

In der Auktion F. R. Künker im Oktober 1997 wurde dieser Taler in ss/vz für 27000.– DM zugeschlagen.

228 Taler

Vs.: ERNST AUGUST V. G. G. KOENIG VON HANNOVER
      Mzz. A
Rs.: EIN THALER. XIV EINE F. M. FEINES (Jahr) SILBER
Rand: NEC ASPERA TERRENT

Dav. 670 – AKS 102 – Jaeger 67 – T. 160

1840	130.–	400.–	850.–
1841	130.–	400.–	850.–

229 Taler

Vs.: ERNST AUGUST V. G. G. KOENIG V. HANNOVER.
      Mmz. S
Rs.: EIN THALER XIV EINE F. M. 1840
Rand: NEC ASPERA TERRENT

Dav. 671 – AKS 103 – Jaeger 68 – T. 161

1840	230.–	850.–	2500.–

230 Taler

Vs.: ERNST AUGUST V. G. G. KOENIG V. HANNOVER
Mmz. S am Halsabschnitt Signatur BRANDT F.
Rs.: EIN THALER XIV EINE F. M. 1841
Rand: NEC ASPERA TERRENT

Dav. 672 – AKS 104 – Jaeger 69 – T. 162

1841	170.–	550.–	1000.–

231 Taler

Vs.: ERNST AUGUST V. G. G. KOENIG V. HANNOVER
Mmz. B am Halsabschnitt Signatur BRANDT F.
Rs.: EIN THALER XIV EINE F. M.   Jahr
Rand: NEC ASPERA TERRENT

Dav. 672 – AKS 106 – Jaeger 69 – T. 163

1844	170.–	500.–	850.–
1845	150.–	400.–	650.–
1846	170.–	500.–	850.–
1847	170.–	500.–	850.–

232 Taler

Vs.: ERNST AUGUST V. G. G. KOENIG V. HANNOVER
Mzz. A

Rs.: EIN THALER XIV EINE F. M.   Jahr

Rand: NEC ASPERA TERRENT

Dav. 673 – AKS 105 – Jaeger 69 + 71 – T. 164 + 166

Varianten: 1848 und 1849 ohne Turnierkragen im Wappen

1842	(620000)	100.–	350.–	700.–
1843	(638000)	130.–	450.–	850.–
1844	(622000)	130.–	450.–	850.–
1845	(656000)	130.–	450.–	850.–
1846	(650360)	130.–	450.–	850.–
1847	(624750)	100.–	350.–	700.–
1848	(661470)	100.–	350.–	700.–
1849	(357360)	130.–	450.–	900.–

Variante ohne Turnierkragen im Wappen

233 **Taler**

Vs.: ERNST AUGUST V. G. G. KOENIG V. HANNOVER
Mmz. S am Halsabschnitt Signatur BRANDT F.

Rs.: GEORG KRONPRINZ VON HANNOVER MARIE
HERZOGINN V. S. ALTENB. VERM. 18 FEBR. 1843

Rand: glatt

Dav. 674 – AKS 132 – Jaeger 70 – T. 165

| 1843 | (1010) | 400.– | 900.– | 1800.– |

234 **Taler**

Vs.: ERNST AUGUST KOENIG VON HANNOVER   Mmz. B
am Halsabschnitt Signatur BREHMER F

Rs.: EIN THALER XIV EINE F. M.   Jahr

Rand: NEC ASPERA TERRENT

Dav. 675 – AKS 107 – Jaeger 79 – T. 167

| 1848 | 100.– | 300.– | 650.– |
| 1849 | 100.– | 300.– | 650.– |

235 Ausbeutetaler

Vs.: ERNST AUGUST KOENIG VON HANNOVER   Mmz. B
am Halsabschnitt Signatur BREHMER F.

Rs.: EIN THALER HARZ-SEGEN XIV EINE F. M. 1849

Rand: NEC ASPERA TERRENT

Dav. 676 – AKS 133 – Jaeger 80 – T. 168

1849	220.–	850.–	2200.–

Laut Rudolph gibt es diesen Taler mit unterschiedlich großen Buchstaben oder Randschrift.

236 Ausbeutetaler

Vs.: ERNST AUGUST KOENIG VON HANNOVER   Mmz. B
am Halsabschnitt Signatur BREHMER F.

Rs.: EIN THALER BERGSEGEN DES HARZES
XIV EINE F. M.   Jahr

Rand: NEC ASPERA TERRENT

Dav. 677 – AKS 134 – Jaeger 81 – T. 169

1850	(712220)	120.–	250.–	480.–
1851	(453200)	120.–	250.–	480.–

Georg V. 1851 – 1866

237 Ausbeutetaler

Vs.: GEORG V v. G. G. KOENIG v. HANNOVER   Mzz. B
am Halsabschnitt Signatur BREHMER F.

Rs.: EIN THALER BERGSEGEN DES HARZES
XIV EINE F. M.   Jahr

Rand: NEC ASPERA TERRENT

Dav. 678 – AKS 158 – Jaeger 86 – T. 170

1852	(170120)	90.–	220.–	500.–
1853	(179780)	90.–	220.–	500.–
1854	(950760)	90.–	220.–	500.–
1855	(973680)	90.–	220.–	500.–
1856	(76620)	100.–	240.–	550.–

Den Jg. 1854 gibt es auch aus 1853 geändert

238 **Taler**

Vs.:   GEORG V v. G. G. KOENIG v. HANNOVER Mzz. B
am Halsabschnitt Signatur BREHMER F.

Rs.:   ZUR ERINNERUNG AN / Sᴿ. MAJESTÄT DES KÖNIGS
UND IHRER MAJESTÄT DER KÖNIGIN
ALLERHÖCHSTEN BESUCH ᴅ. MÜNZE
HANNOVER. DECEMBER 1853

Rand: glatt

Dav. 679 – AKS 159 – Jaeger 87 – T. 171

1853	3700	7000	12000.–

239 Vereinstaler

Vs.: GEORG V v. G. G. KOENIG v. HANNOVER Mzz. B
am Halsabschnitt Signatur BREHMER F.

Rs.: EIN VEREINSTHALER XXX EIN PFUND FEIN Jahr

Rand: NEC ASPERA TERRENT

Dav. 682 – AKS 144 – Jaeger 96 – T. 174

1857	(273750)	80.–	180.–	330.–
1858	(431610)	80.–	180.–	330.–
1859	(554050)	80.–	180.–	330.–
1860	(790420)	80.–	180.–	330.–
1861	(736440)	80.–	180.–	330.–
1862	(133260)	80.–	180.–	330.–
1863	(232830)	80.–	180.–	330.–
1864	(157520)	80.–	180.–	330.–
1865		80.–	180.–	330.–
1866	(159110)	80.–	180.–	330.–

240 Vereinstaler

Vs.: GEORG V v. G. G. KOENIG v. HANNOVER   Mzz. B
am Halsabschnitt Signatur BREHMER F.

Rs.: DEN SIEGERN BEI WATERLOO GEWIDMET
AM 18 JUNI 1865

Rand: NEC ASPERA TERRENT

Dav. 684 – AKS 160 – Jaeger 98 – T. 176

1865	(15000)	100.–	200.–	320.–

241 Vereinstaler

Vs.: GEORG V v. G. G. KOENIG v. HANNOVER   Mzz. B
am Halsabschnitt Signatur BREHMER F.

Rs.: ZUR 50JÄHRIGEN VEREINIGUNG OSTFRIESLANDS
MIT HANNOVER / 1815: 15. DEC: 1865.

Rand: EIN THALER 30 EIN PFUND F.

Dav. 685 – AKS 161 – Jaeger 99 – T. 177

1865	(1000)	420.–	800.–	1200.–

242 Vereinstaler

Vs.: GEORG V v. G. G. KOENIG v. HANNOVER   Mzz. B
am Halsabschnitt Signatur BREHMER F.

Rs.: ZUR ERINNERUNG AN DIE FEIER DES 15 DEC. 1865
oben EALA FRYA FRESENIA

Rand: EIN THALER 30 EIN PFUND F.

Dav. 686 – AKS 162 – Jaeger 100 – T. 178

1865	(2000)	420.–	650.–	1100.–

243 Doppeltaler

Vs.: GEORG V v. G. G. KOENIG v. HANNOVER   Mzz. B
am Halsabschnitt Signatur BREHMER F.

Rs.: VEREINSMÜNZE · 2 THALER 3 ½ GULDEN ·
VII EINE F. MARK   Jahr

Rand: NEC ASPERA TERRENT

Dav. 681 – AKS 142 – Jaeger 88 – T. 173

1854	(101660)	270.–	480.–	900.–
1855	(841700)	270.–	480.–	800.–

244 Doppeltaler

Vs.: GEORG V v. G. G. KOENIG v. HANNOVER   Mzz. B
am Halsabschnitt Signatur BREHMER F.

Rs.: ERNST AUGUST FRIEDRIKE MARIE / MARIE GEORG
HANNOVER AM 8. MAI 1854

Rand: NEC ASPERA TERRENT

Dav. 680 – AKS 157 – Jaeger 89 – T. 172

| 1854 | 3500 | 6000 | 12000.– |

245 Vereinsdoppeltaler

Vs.: GEORG V v. G. G. KOENIG v. HANNOVER Mzz. B
am Halsabschnitt Signatur BREHMER F.

Rs.: ZWEI VEREINSTHALER · XV EIN PFUND FEIN · Jahr

Rand: NEC ASPERA TERRENT

Dav. 683 – AKS 143 – Jaeger 97 – T. 175

1862	(133260)	250.–	100.–	800.–
1866	(37650)	270.–	450.–	850.–

Stadt Hannover

246 Feinsilbermedaille in Talergröße

Vs.: RESIDENZSTADT HANNOVER

Rs.: VIERTES DEUTSCHES BUNDES SCHIESSEN
HANNOVER 1872

Rand: glatt

Jaeger 100 IV. – T. 179

1872	(6310)	120.–	200.–	300.–

Kurfürstentum Hessen (Hessen-Kassel)

Münzstätten:	Hanau Kassel
Münzmeister: F.H.	Jacob Friedrich Heerwagen, Hanau
Medailleure: H K C.P. oder C. PFEUFFER F.	Carl Holtzheimer, Hanau Wilhelm Körner, Kassel Christoph Carl Pfeuffer, Berlin

Wilhelm IX. 1785 – 1821 (als Landgraf 1785 – 1803)

247 Ausbeutekonventionstaler

Vs.: WILHELMUS IX D: G: HASS: LANDG: COM · HAN Signatur H
Rs.: X. EINE FEINE MARCK. BIBERER SILBER Jahr Mmz. F.H.
Rand: Laubrand

Dav. 688 – T. 180

1800	5500.–	14000.–	20000.–
1802			LP

Wilhelm IX. 1785 – 1821
(als Kurfürst Wilhelm I. 1803 – 1821)

248   **½ Taler**

Vs.:   WILHELM I. KURF. S. L. Z. HESSEN G. H. V. FULDA.

Rs.:   EIN HALBER THALER   Jahr

Rand: KUR HESS: LANDMÜNZE

AKS 6 – Jaeger 11

1819	150.–	370.–	750.–
1820	180.–	750.–	1200.–

249   **Konventionstaler**

Vs.:   WILHELMUS I. D. G. ELECT. LANDG. HASS.
   am Halsabschnitt Signatur K

Rs.:   ZEHN EINE FEINE MARK 1813

Rand: EIN CONVENTIONSTHALER

Dav. 689 – AKS 16 – Jaeger I (6 I) – T. 181

1813	3800.–	8500.–	15000.–

mit glattem Rand ↑ 131. A, Künker, Nr. 514.

250 Taler

Vs.: WILHELM I. KURF. SOUV. LANDGR. Z. HESSEN. GR. H. V. FULDA.

Rs.: EIN THALER   Jahr

Rand: KUR HESS: LAND MÜNZE

Dav. 690 – AKS 5 – Jaeger 12 – T. 182

1819	280.–	1500.–	3500.–
1820	400.–	1800.–	3800.–

Wilhelm II. 1821 – 1847

251 Taler

Vs.: WILHELM II. KURF. SOUV. LANDGR. Z. HESSEN
      GR. H. V. FULDA.
Rs.: EIN THALER   Jahr
Rand: KUR HESS: LAND MÜNZE

Dav. 691 – AKS 19 + 20 – Jaeger 19 + 20 – T. 183

1821	(2380)	500.–	1800.–	3500.–
1822	(3450)	600.–	2000.–	4500.–

Jg. 1822 Stgl.
Möller 31. A.
7. (8. 10. 02,
Nr. 1234

Jaeger 20 (gegenüber Jaeger 19 bzw. AKS 19 völlig verändertes Brustbild)

1821	(2)		LP

Wilhelm II. und Kurprinz Friedrich Wilhelm als Mitregent 1831 – 1847

252 Taler

Vs.: WILH. II. KURF. U. FRIEDR. WILH. KURPR. U. MITREGENT

Rs.: KURFÜRSTENTHUM HESSEN XIV EINE FEINE MARK EIN THALER   Jahr

Rand: GOTT BESCHIRME UNS

Dav. 692 – AKS 46 – Jaeger 32 – T. 184

Varianten: 1832 und 1833 leicht veränderte Vs.;
1837 Umschrift ohne Punkte

1832	(19900)	100.–	370.–	1400.–
1833	(17040)	100.–	400.–	1400.–
1834	(37040)	100.–	370.–	1400.–
1835	(14280)	100.–	370.–	1400.–
1836	(39850)	150.–	600.–	1600.–
1837	(25850)	100.–	370.–	1400.–
1838	(4040)	200.–	850.–	2800.–
1839	(2570)	120.–	450.–	1500.–
1841	(25340)	100.–	370.–	1400.–
1842	(31460	150.–	500.–	1500.–

253 Doppeltaler

Vs.: WILH. II. KURF. U. FRIEDR. WILH. KURPR. U.
MITREGENT

Rs.: KURFÜRSTENTHUM HESSEN
VEREINS M. VII E. F. MARK
2 THALER 3 ½ GULDEN   Jahr

Rand: GOTT BESCHIRME UNS

Dav. 693 – AKS 43 – Jaeger 33 – T. 185

1840	(18630)	320.–	1100.–	2800.–
1841	(18630)	380.–	1100.–	3200.–
1842	(18640)	380.–	1100.–	3200.–
1843	(18000)	380.–	1400.–	3500.–
1844	(59090)[*]	420.–	1600.–	3800.–
1845		420.–	1600.–	3800.–

*) Zusammen mit Nr. 254

254 Doppeltaler

Vs.: WILH. II. KURF. U. FRIEDR. WILH. KURPR. U.
MITREGENT (Umschrift größer)

Rs.: KURFÜRSTENTHUM HESSEN
VEREINS M. VII E. F. MARK
2 THALER 3 ½ GULDEN Jahr

Rand: GOTT BESCHIRME UNS

Dav. 693 – AKS 44 – Jaeger 34 – T. 186

1844	(59090)[·]	400.–	1200.–	3500.–
1845		500.–	1700.–	4800.–

*) Zusammen mit Nr. 253

255 Doppeltaler

Vs.: WILH. II. KURF. U. FRIEDR. WILH. KURPRINZ =
MITREGENT

Rs.: KURFÜRSTENTHUM HESSEN
VEREINS M. VII E. F. MARK
2 THALER 3 ½ GULDEN 1847

Rand: GOTT BESCHIRME UNS

Dav. 694   AKS 15 – Jaeger 43 – T. 187

1847	(10310)	1400.–	4000.–	1200.–

Friedrich Wilhelm I. 1847 – 1866

256 Taler

Vs.: FRIEDR. WILHELM I KURFÜRST V. HESSEN
am Halsabschnitt Signatur C. PFEUFFER F.

Rs.: EIN THALER XIV EINE F. M.   Jahr

Rand: GOTT MIT UNS

Dav. 696 – AKS 61 – Jaeger 46 – T. 189

1851	(3960)	320.–	1000.–	4700.–
1854	(7330)	270.–	800.–	3800.–
1855	(27520)	170.–	550.–	2400.–

257 Vereinstaler

Vs.:   FRIEDR. WILHELM I KURFÜRST V. HESSEN
Rs.:   EIN VEREINSTHALER XXX EIN PFUND FEIN   Jahr
Rand: GOTT MIT UNS

Dav. 697 – AKS 62+63 – Jaeger 48a+b – T. 190

Varianten: Die Jahrgänge 1858, 1859, 1860, 1862, 1864, 1865 gibt es auch mit der Signatur C.P. am Halsabschnitt.

1858	(61950)	100.–	400.–	900.–
1859	(36510)	100.–	400.–	900.–
1860	(31290)	150.–	500.–	1500.–
1861	(31950)	100.–	400.–	900.–
1862	(32020)	100.–	400.–	900.–
1863	(32410)	100.–	400.–	900.–
1864	(31790)	100.–	400.–	900.–
1865	(31370)	100.–	400.–	900.–

C.P. ist die Normalversion!

258 Doppeltaler

Vs.: FRIEDR. WILHELM I KURFÜRST V. HESSEN
am Halsabschnitt Signatur C.P.

Rs.: 2 THALER VII EINE F. MARK 3 ½ GULDEN
VEREINS (Jahr) MÜNZE

Rand: GOTT MIT UNS

Dav. 695 – AKS 60 – Jaeger 47a+b – T. 188

Varianten: 1854 und 1855 auch ohne Signatur C.P.

1851	(3990)	420.–	1500.–	3300.–
1854	(141480)	350.–	800.–	2200.–
1855	(356520)	300.–	650.–	1800.–

Großherzogtum Hessen (Hessen-Darmstadt)

Münzstätte: Darmstadt

Münzmeister:
H.R. Hector Roessler

Medailleure:
L Johann Lindenschmidt, Mainz
H Philipp Huhn
C. VOIGT Carl Friedrich Voigt, München
KORN Ferdinand Korn, Wiesbaden
ST Rudolph Stadelmann

Ludwig I. 1806 – 1830

259 Konventionstaler

Vs.: LUDEWIG GROSHERZOG VON HESSEN. Signatur L
Rs.: ZEHN EINE FEINE MARK. 1809
Rand: Laubrand

Dav. 698 – AKS 73 – Jaeger 12a+b – T. 191

Variante: ohne Signatur L

1809	650.–	1800.–	4000.–

260 Kronentaler

Vs.: LUDEWIG GROSHERZOG VON HESSEN
am Armabschnitt Signatur H
Rs.: EIN KRONENTHALER 1819   Mmz. H.R.
Rand: GOTT EHRE VATERLAND

Dav. 699 – AKS 71 – Jaeger 27 – T. 192

1819	(19400)	700.–	1400.–	4000.–

261 Kronentaler

Vs.: LUDEWIG GROSHERZOG VON HESSEN
Rs.: EIN KRONENTHALER 1825   Mmz. H R
Rand: GOTT EHRE VATERLAND

Dav. 700 – AKS 72 – Jaeger 28 – T. 193

1825	(170760)	320.–	850.–	3000.–

Ludwig II. 1830 – 1848

262 Doppelgulden

Vs.: LUDWIG II GROSHERZOG VON HESSEN
Signatur C. VOIGT

Rs.: ZWEY GULDEN   Jahr

Rand: Vertiefte Vierecke

Dav. 704 – AKS 101 – Jaeger 42 – T. 197

1845	(43700)	280.–	600.–	1200.–
1846	(270150)	280.–	580.–	1100.–
1847	(30400)	320.–	680.–	1500.–

263 Kronentaler

Vs.: LUDWIG II GROSHERZOG VON HESSEN
Signatur C. VOIGT

Rs.: EIN KRONENTHALER Jahr Mmz. H R

Rand: GOTT EHRE VATERLAND

Dav. 701 – AKS 102 – Jaeger 33 – T. 194

1833	(123750)	350.–	750.–	1500.–
1835		400.–	850.–	2000.–
1836	(558110)	350.–	750.–	2000.–
1837		400.–	850.–	2000.–

264 Doppeltaler

Vs.:   LUDWIG II GROSHERZOG VON HESSEN
am Halsabschnitt Signatur ST

Rs.:   3 ½ GULDEN 2 THALER / VII EINE FEINE MARK
VEREINSMÜNZE Jahr

Rand: CONVENTION VOM 30 JULY 1838

Dav. 702 – AKS 99 – Jaeger 40 – T. 195

1839	(23970)	300.–	800.–	2000.–
1840	(367600)	250.–	720.–	1500.–
1841	(687800)	250.–	720.–	1500.–
1842	(286400)	300.–	780.–	1700.–

265 Doppeltaler

Vs.: LUDWIG II GROSHERZOG VON HESSEN
am Halsabschnitt Signatur ST

Rs.: 3 ½ GULDEN VII EINE F. MARK 2 THALER
VEREINS 1844 MÜNZE

Rand: CONVENTION VOM 30 JULY 1838

Dav. 703 – AKS 100 – Jaeger 41 – T. 196

1844	(376800)	320.–	650.–	1400.–

Ludwig III. 1848 – 1877

266 Vereinstaler

Vs.: LUDWIG III GROSHERZOG VON HESSEN
Rs.: EIN VEREINSTHALER XXX EIN PFUND FEIN
Rand: MÜNZVERTRAG VOM 24. JANUAR 1857

Dav. 707 – AKS 120 – Jaeger 59 – T. 200

Varianten: 1858 in der Randschrift mit Punkten;
1859 große und kleine 9 in der Jahreszahl;
1861 zwei verschiedene Zifferstellungen in der Jahreszahl;
1862 in der Randschrift MUNZVFRTRAG

1857	(91000)	130.–	350.–	1200.–
1858	(536700)	130.–	300.–	700.–
1859	(594120)	130.–	300.–	700.–
1860	(607910)	130.–	300.–	700.–
1861	(413940)	130.–	300.–	700.–
1862	(242340)	130.–	300.–	700.–
1863	(215140)	130.–	300.–	700.–
1864	(73080)	140.–	350.–	900.–
1865	(77690)	140.–	350.–	900.–
1866	(59050)	140.–	350.–	900.–
1867	(24320)	140.–	350.–	900.–
1868	(47630)	140.–	380.–	900.–
1869	(33820)	140.–	380.–	900.–
1870	(39100)	140.–	350.–	900.–
1871	(33480)	140.–	350.–	900.–

267 Doppelgulden

Vs.: LUDWIG III GROSHERZOG VON HESSEN
Signatur C. VOIGT

Rs.: ZWEY GULDEN   Jahr

Rand: Vertiefte Vierecke

Dav. 705 – AKS 121 – Jaeger 51 – T. 198

1848			500.–	850.–	2300.–
1849	(252150)	500.–	850.–	2300.–
1853			350.–	700.–	1500.–
1854	(127250)	270.–	620.–	1200.–
1855	(148900)	270.–	620.–	1200.–
1856	(64400)	270.–	620.–	1200.–

268 Doppeltaler

Vs.: LUDWIG III GROSHERZOG VON HESSEN
Signatur KORN

Rs.: 3 ½ GULDEN VII EINE F. MARK 2 THALER
VEREINS 1854 MÜNZE

Rand: CONVENTION VOM 30 JULY 1838

Dav. 706 – AKS 119 – Jaeger 52 – T. 199

| 1854 | (43000) | 1200.– | 2000.– | 5000.– |

Landgrafschaft Hessen (Hessen-Homburg)

Münzstätte: Darmstadt

Medailleure:
C. VOIGT   Carl Friedrich Voigt, München
C. SCHNITZSPAHN   Christian Schnitzspahn, Darmstadt
RS   Rudolph Stadelmann, Darmstadt

Philipp 1839 – 1846

269 Doppelgulden

Vs.: PHILIPP SOUV. LANDGRAF ZU HESSEN
      Signatur C. VOIGT
Rs.: ZWEY GULDEN
Rand: Vertiefte Vierecke

Dav. 713 – AKS 166 – Jaeger 8 – T. 201

1846	(10500)	1700.–	2200.–	5500.–

Ferdinand 1848 – 1866

270   Vereinstaler

Vs.:   FERDINAND SOUV. LANDGRAF Z. HESSEN
am Halsabschnitt Signatur C. SCHNITZSPAHN

Rs.:   EIN VEREINSTHALER XXX EIN PFUND FEIN   Jahr

Rand: MÜNZVERTRAG VOM 24 JANUAR 1857

Dav. 714 – AKS 172 – Jaeger 9 – T. 202

Variante: 1862 in der Randschrift MÜNZVFRTRAG

1858	(5000)	150.–	500.–	1000.–
1859	(6570)	150.–	500.–	1000.–
1860	(6590)	150.–	500.–	1000.–
1861	(6580)	150.–	500.–	1000.–
1862	(6590)	150.–	500.–	1000.–
1863	(6570)	150.–	500.–	1000.–

Fürstentum Hohenzollern-Hechingen

| Münzstätten: | Stuttgart |
| | München |

Münzmeister:
| C.H. | Johann Christian Heuglin, Stuttgart |

Medailleure:
| W. | Johann Ludwig Wagner, Stuttgart |
| C. VOIGT | Carl Friedrich Voigt, München |

Hermann Friedrich Otto 1798 – 1810

271   Konventionstaler

Vs.: HERMAN · FRIDER · OTTO D · G · PRINC
DE HOHENZOLLERN HECHING · Signatur W.
Rs.: AD NORMAM CONVENTIONIS 1804. Mmz. C. H.
Rand: Laubrand

Dav. 715 – AKS 1 – Jaeger 1 – T. 203

*Varianten: Mmz. auf der Vs. mit kleinem oder großem W.
oder I.L.W.*

| 1804 | (2000) | 1600.– | 3000.– | 5500.– |

Friedrich Wilhelm Constantin 1838 – 1849

272 Doppelgulden

Vs.: FRIEDRICH W. C. FÜRST ZU HOHENZ. HECH.
Signatur C. VOIGT
Rs.: ZWEY GULDEN
Rand: Vertiefte Vierecke

Dav. 717 – AKS 3 – Jaeger 6 – T. 205

1846	(4300)	700.–	2000.–	3500.–
1847	(4300)	700.–	1800.-	3500.–

273 Doppeltaler

Vs.: FRIEDRICH W. C. FÜRST ZU HOHENZ. HECH.
Signatur C. VOIGT

Rs.: 2 THALER · VII EINE F. MARK · 3 ½ GULDEN
VEREINS (Jahr) MÜNZE

Rand: CONVENTION VOM 30 JULY 1838

Dav. 716 – AKS 2 – Jaeger 7 – T. 204

1844	(2340)	1500.–	2700.–	4500.–
1845	(1000)	1800.–	3000.–	5300.–
1846	(570)	2000.–	3500.–	6500.–

Fürstentum Hohenzollern-Sigmaringen

Münzstätte: Karlsruhe

Medailleure:
DOELL F. oder D   Carl Wilhelm Doell, Karlsruhe
BALBACH   Othemar Balbach, Karlsruhe

Carl 1831 – 1848

274 Doppelgulden

Vs.:   CARL FÜRST ZU HOHENZOLLERN SIGMARINGEN
       Signatur D
Rs.:   ZWEI GULDEN Jahr
Rand: Vertiefte Vierecke

Dav. 720 – AKS 10 – Jaeger 14 – T. 208

1845	(9200)	750.–	1250.–	2500.–
1846	(9200)	750.–	1250.–	2500.–
1847	(9200)	750.–	1250.–	2500.–
1848	(6900)	900.–	1500.–	2800.–

275   Doppeltaler

Vs.: CARL FÜRST ZU HOHENZOLLERN SIGMARINGEN
Signatur DOELL F.

Rs.: VEREINSMÜNZE VII EINE F. MARK
3 ½ GULDEN 2 THALER   Jahr

Rand: CONVENTION VOM 30 JULY 1838

Dav. 718 – AKS 8 – Jaeger 15 – T. 206

1841	(2850)	1200.–	2500.–	4500.–
1842	(2850)	1200.–	2500.–	4500.–
1843	(2850)	1200.–	2500.–	4500.–

276 Doppeltaler

Vs.: CARL FÜRST ZU HOHENZOLLERN SIGMARINGEN
Signatur DOELL F.

Rs.: 3 ½ GULDEN VII EINE F. MARK 2 THALER
VEREINS (Jahr) MÜNZE

Rand: CONVENTION VOM 30 JULY 1838

Dav. 719 – AKS 9 – Jaeger 16 – T. 207

*Varianten: 1844 ohne Sterne zwischen den Worten;
1846, 1847 ohne Stern nach CONVENTION*

1844	(3300)	1500.–	2800.–	4200.–
1846	(6600)	1800.–	3200.–	4600.–
1847	(2000)	1800.–	3000.–	4500.–

Carl Anton 1848 – 1849

277 Doppelgulden

Vs.: CARL ANTON FÜRST ZU HOHENZOLLERN
SIGMARINGEN Signatur BALBACH

Rs.: ZWEI GULDEN Jahr

Rand: Vertiefte Vierecke

Dav. 721 – AKS 18 – Jaeger 18 – T. 209

Der Jahrgang 1848 ist eine Probemünze.

| 1849 | (1210) | 1600.– | 2800.– | 4500.– |

Fürstentum Isenburg

Münzstätte: Frankfurt am Main

Medailleur:
J. LAROQUE F. J. Laroque, Paris

Carl Friedrich 1806 – 1813

278 Reichstaler (Bergischer Reichstaler)

Vs.: CARL FÜRST ZU ISENBURG
am Halsabschnitt Signatur J. LAROQUE F.

Rs.: 16 EINE FEINE MARK 1811

Rand: glatt

Dav. 723 – AKS 2 – Jaeger 3a – T. 210

1811	2500.–	3200.–	5200.–

279 Doppeltaler

Vs.: CARL FÜRST ZU ISENBURG
am Halsabschnitt Signatur J. LAROQUE F.

Rs.: 16 EINE FEINE MARK 1811

Rand: Riffelrand

AKS 2 var. – Jaeger 3b – T. 211

*Ronde im Gewicht eines Doppeltalers mit den
Talerstempeln geprägt*

1811   LP

*Kupferabschlag des
Talers Nr. 278 mit
Riffelrand, 28,01 g
↑ 127. Künker 6/2007
kl. Rd. fehler, vz*

Herzogtum Lauenburg

Münzstätte:	Altona
Medailleur: F. A.	Hans Frederik Alsing, Kopenhagen
Münzmeister: F. F.	Johann Friedrich Freund

Friedrich VI. von Dänemark 1808 – 1839

280 ⅔ **Taler**

Vs.: FREDERICUS VI D: G: DAN: V: G: REX.
am Halsabschnitt Signatur F. A.

Rs.: LAUENBURGISCHE MÜNZE N: D: LEIPZ: FUSS.
Wertzahl ⅔ Mmz. F. F.

Rand: Riffelrand

AKS 1 – Jaeger 14

1830	400.–	800.–	1400.–

Fürstentum Liechtenstein

Münzstätte: Wien   Mzz. A

Johann II. 1858 – 1929

281   Vereinstaler

Vs.:   JOHANN II · FÜRST ZU LIECHTENSTEIN   Mzz. A
Rs.:   EIN VEREINSTHALER XXX EIN PFUND FEIN 1862
Rand: KLAR UND FEST
         Dav. 215 – Divo 87 – T. 468

1862	(1920)	2500.–	4000.–	5500.–

Fürstentum Lippe

Münzstätte:　　　　Berlin　Mzz. A

Medailleur:
C.P.　　　　　　　Christoph Pfeuffer, Berlin

Paul Alexander Leopold 1802 – 1851

282　Doppeltaler

Vs.:　PAUL ALEXANDER LEOPOLD FÜRST ZUR LIPPE
　　　Mzz. A

Rs.:　2 THALER VII EINE F. MARK 3 ½ GULDEN
　　　VEREINS 1843 MÜNZE

Rand:　CONVENTION VOM 30 JULY 1838

Dav. 724 – AKS 5 – Jaeger 8 – T. 212

1843	(16800)	1000.–	1600.–	3000.–

Paul Friedrich Emil Leopold 1851 – 1875

283 Vereinstaler

Vs.: PAUL FRIEDRICH EMIL LEOPOLD FÜRST Z. LIPPE
am Halsabschnitt Signatur C.P. Mzz. A

Rs.: EIN VEREINSTHALER XXX EIN PFUND FEIN Jahr

Rand: MÜNZVERTRAG VOM 24 JANUAR 1857

Dav. 725 – AKS 16 – Jaeger 16 – T. 213

1860	(25600)	150.–	350.–	750.–
1866	(17500)	170.–	380.–	850.–

Großherzogtum Mecklenburg-Schwerin

Herzogtum   bis 1815
Großherzogtum   1815 – 1918

Münzstätten: Schwerin, ohne Mzz.
                   Berlin, ab 1848, Mzz. A

Friedrich Franz I. 1785 – 1837
(als Herzog 1785 – 1815)

284   ⅔ **Taler**

Vs.:   FRIED. FRANZ V. G. G. HERZOG ZU MECKLENB.
         SCHWERIN

Rs.:   18: STUCK EINE MARK FEIN · Jahr · Wertzahl ⅔

Rand: Riffelrand

AKS 6 – Jaeger 20a

1800	(162060)	250.–	450.–	650.–
1801	(169130)	250.–	450.–	650.–
1808	(654800)	200.–	400.–	600.–
1810	(337680)	230.–	400.–	600.–

285 ⅔ **Taler (Vaterlandsgulden)**

Vs.:   FRIED. FRANZ V. G. G. HERZOG ZU MECKLENB.
        SCHWERIN

Rs.:   18: STUCK EINE MARK FEIN Wertzahl ⅔
        im Abschnitt DEM VATERLANDE 1813

Rand: Riffelrand

AKS 7 – Jaeger 21

| 1813 | (9910) | 250.– | 450.– | 650.– |

Großherzogtum
Friedrich Franz I. 1785 – 1837
(als Großherzog 1815 – 1837)

286 ⅔ **Taler**

Vs.:   FRIEDERICH FRANZ V. G. G. GROSHERZOG VON
        MECKLENBURG SCHWERIN

Rs.:   18: STUCK EINE MARK FEIN · 1817 · Wertzahl ⅔

Rand: Riffelrand

AKS 8 – Jaeger 22

| 1817 | (6780) | 1700.– | 2800.– | 4500.– |

287 ⅔ **Taler**

Vs.: FRIEDR. FRANZ V. G. G. GR. HERZ. VON MECKLENB.
SCHWERIN
Rs.: 18 STUCK EINE MARK FEIN 1825 Wertzahl ⅔
Rand: Riffelrand

AKS 9 – Jaeger 25

1825	(35200)	300.–	600.–	900.–

288 ⅔ **Taler**

Vs.: FRIEDR. FRANZ V. G. G. GR. HZ. V.
MECKLENB. SCHW.
Rs.: 18 STUCK EINE MARK FEIN   Jahr · Wertzahl ⅔
Rand: Riffelrand

AKS 10 – Jaeger 26

*Varianten: 1826 auch mit glatten Epauletten (Jaeger 26b);
Von 1826 gibt es eine Probemünze mit kleinem Brustbild,
insgesamt sieben Exemplare (Jaeger 27 P).*

1825	(42910)	350.–	600.–	900.–
1826	(102850)	300.–	550.–	800.–

289 ⅔ **Taler**

Vs.: FRIERDR. FRANZ V. G. G. GR. HERZOG VON
MECKLENBURG SCHW.

Rs.: 18 STUCK EINE MARK FEIN. Jahr Wertzahl ⅔

Rand: Riffelrand

AKS 11 – Jaeger 31

1828	(57400)	280.–	600.–	900.–
1829				LP

Paul Friedrich 1837 – 1842

290 **⅔ Taler**

Vs.: PAUL FRIEDR · GROSSHERZOG V · MECKLENBURG
SCHWERIN ·

Rs.: XVIII STUCK EINE (Jahr) MARK FEIN SILBER

Rand: Riffelrand

AKS 32 – Jaeger 45

Variante: 1839 mit größerem Kopfbild

1839	(290500)	180.–	300.–	450.–
1840	(856390)	150.–	270.–	450.–
1841	(118010)	180.–	300.–	450.–

Variante 1839 mit größerem Kopfbild

Friedrich Franz II. 1842 – 1883

291 **⅔ Taler**

Vs.: FRIEDRICH FRANZ GROSSHERZOG V.
MECKLENBURG SCHW ·

Rs.: XVIII STÜCK EINE MARK FEIN SILBER · 1845 ·

Rand: Riffelrand

AKS 39 – Jaeger 51

1845	(1560)	900.–	1800.–	3000.–

292 **Taler („Angsttaler")**

Vs.: FRIEDRICH FRANZ GROSSH. V. MECKLENB. SCHW.
Mzz. A

Rs.: EIN THALER XIV EINE F. M. 1848

Rand: Kreuze und Ranken

Dav. 727 – AKS 37 – Jaeger 55 – T. 214

1848	(528240)	150.–	270.–	500.–

293 Vereinstaler

Vs.: FRIEDRICH FRANZ V. G. G. GROSSH. V. MECKLENB. SCHW. Mzz. A

Rs.: EIN THALER XXX EIN PF. F. 1864

Rand: PER ASPERA AD ASTRA

Dav. 728 – AKS 38 – Jaeger 58 – T. 215

1864	(100000)	150.–	300.–	550.–

294 Vereinstaler

Vs.: FRIEDRICH FRANZ. V. G. G. GROSSH. V. MECKLENB. SCHW. Mzz. A

Rs.: ZUR FEIER 25 JÄHRIGER REGIERUNG AM 7 MÄRZ 1867

Rand: EIN THALER 30 EIN PFUND FEIN

Dav. 729 – AKS 55 – Jaeger 59 – T. 216

1867	(10000)	150.–	300.–	750.–

Großherzogtum Mecklenburg-Strelitz

Münzstätte: Berlin, Mzz. A

Friedrich Wilhelm 1860 – 1904

295 Vereinstaler

 Vs.: FRIEDRICH WILH. V. G. G. GROSSH. V.
    MECKLENB. STRL. Mzz. A
 Rs.: EIN THALER XXX EIN PF. F. 1870
    Devise auf dem Ordensband: HONI SOIT QUI MAL Y
    PENSE
 Rand: GOTT SCHIRME MECKLENBURG

   Dav. 732 – AKS 71 – Jaeger 120 – T. 217

1870	(50000)	130.–	230.–	380.–

Bistum Münster

Münzstätte: Clausthal

Sedisvakanz 1801

296   ⅔ **Taler**

Vs.:   CAPIT: CATI I: MONASTERIE: SEDEVACANTE 1801

Rs.:   CAROLUS MAGNUS FUNDATOR. S / CONV · FUSS ·
       Wertzahl ⅔

Rand: Laubrand

Schulze 270

1801	(300)	550.–	1000.–	1800.–

297 Konventionstaler

Vs.: CAPIT: CATH: MONASTERIENSE: SEDE VACANTE · 1801
I · SP TH: / CONV · FUSS ·

Rs.: CAROLUS MAGNUS FUNDATOR. S

Rand: Laubrand

Dav. 733 – Schulze 268 – T. 218

1801	(200)	3500.–	6000.–	11000.–

Herzogtum Nassau

Münzstätten:	Darmstadt	1808 – 1809
	Ehrenbreitstein	1809 – 1815
	Limburg	1815 – 1828
	Wiesbaden	1830 – 1866

Münzmeister:
C.T.   Christian Teichmann, Ehrenbreitstein, Limburg, Wiesbaden

Medailleure:
L	Johann Lindenschmidt, Mainz
ZOLLMANN F.	
oder ZOLLMANN	Johann Philipp Zollmann, Wiesbaden
C. ZOLLMANN oder Z	Christian Zollmann, Wiesbaden
F. KORN oder KORN	Ferdinand Korn, Mainz

Friedrich August von Nassau-Usingen 1803 – 1816

Variante Jaeger 16b mit langem Kopfbild

298 ½ Konventionstaler

Vs.: FRIEDRICH AUGUST HERZOG ZU NASSAU Signatur L
Rs.: ZWANZIG EINE FEINE MARK.   1809
Rand: Blätterrand

AKS 26 – Jaeger 16

Varianten: Verschiedene Kopfbilder

1809		1500.–	2800.–	4500.–

www.nassau-muenzen.de
Dr. Brehm, Usingen

299 Konventionstaler

Vs.: FRIEDRICH AUGUST HERZOG ZU NASSAU. Signatur L

Rs.: ZEHN EINE FEINE MARK. 1809. (Lorbeer- und Eichen-zweig)

Rand: UT SIT SUO PONDERE TUTUS (erhaben)

Dav. 737 – AKS 22 + 23 – Jaeger 17 + 18 – T. 219

Varianten: Signatur Pferdchen zu Beginn der Randschrift (Jaeger 17x); MARCK statt MARK (Jaeger 17 F); Palm-zweig statt Eichenzweig (Jaeger 18 – AKS 23); breitere Krone, Enden der Bänder rechts und links über der Jahreszahl zeigen nach oben; mit vertiefter Randschrift

1809	3000.–	7800.–	12000.–

Variante mit Palmen- statt Eichenzweig, ohne Punkte nach MARK und Jahreszahl

300 Konventionstaler

Vs.: FRIEDRICH AUGUST HERZOG ZU NASSAU. Signatur L

Rs.: ZEHN EINE FEINE MARK Mmz. C.T. Jahr L

Rand: UT SIT SUO PONDERE TUTUS (vertieft)

Dav. 738+739 – AKS 24 + 25 – Jaeger 19 – T. 220

Varianten: 1810 – 1812 mit Laubrand

1810	750.–	2000.–	4200.–
1811	600.–	1200.–	2500.–
1812	600.–	1700.–	3000.–
1813	600.–	1700.–	3000.–
1815	600.–	1200.–	2500.–

L.

Hierher Variante aus 27. Auktion Möller (18./19. 9. 2000), Nr. 599 !

Friedrich Wilhelm von Nassau-Weilburg 1788 – 1816

301   ½ **Konventionstaler**

Vs.:   FRIEDRICH WILHELM FÜRST ZU NASSAU. Signatur L

Rs.:   ZWANZIG EINE FEINE MARK. 1809

Rand: Laubrand

AKS 35 – Jaeger 22

Varianten: Verschiedene Kopfbilder

1809	1500.–	2800.–	4500.–

302 Konventionstaler

Vs.: FRIEDRICH WILHELM FÜRST ZU NASSAU
am Halsabschnitt Signatur L

Rs.: ZEHN EINE FEINE MARK. 1809.

Rand: UT SIT SUO PONDERE TUTUS (erhaben)

Dav. 734 – AKS 29 – Jaeger 23 – T. 221

Varianten: Signatur L unter dem Kopf; statt Eichenzweig
Palmzweig; Bänderspitzen zeigen nach unten; ohne
Bänder; Laubrand; ohne Punkt nach der Jahreszahl

1809	2500.–	5500.–	12000.–

Preise für die häufigste Variante (Bänderspitzen nach oben; Eichenzweig)

Variante rechts mit Palmzweig, ohne Punkt nach der Jahreszahl

1810 KPM

303 Konventionstaler

Vs.: FRIEDRICH WILHELM FÜRST ZU NASSAU
am Halsabschnitt Signatur L

Rs.: ZEHN EINE FEINE MARK   Mmz. C. (Jahr) T.

Rand: UT SIT SUO PONDERE TUTUS (vertieft)

Dav. 735 – AKS 32 – Jaeger 26 – T. 222

*Varianten: Verschiedene Kopfhöhen (zwischen 25 und
27,7 mm); 1812 Signatur L unter dem Kopf und mit
Laubrand*

1810	1000.–	2200.–	5000.–
1811	850.–	2000.–	4600.–
1812	1000.–	2200.–	5000.–

Variante mit kleinem Kopfbild

304 Konventionstaler

Vs.:   FRIEDRICH WILHELM FÜRST ZU NASSAU. Signatur L
Rs.:   ZEHN EINE FEINE MARK Mmz. .C. (Jahr) .T.
Rand: UT SIT SUO PONDERE TUTUS (vertieft)

Dav. 736 – AKS 34 – Jaeger 28 – T. 223

1813		950.–	2200.–	5000.–
1815		1200.–	2800.–	5500.–

305 Konventionstaler

Vs.:   FRIEDRICH WILHELM FÜRST ZU NASSAU
      am Halsabschnitt Signatur L

Rs.:   ZEHN EINE FEINE MARK Mmz. .C. 1815 .T.
Rand: UT SIT SUO PONDERE TUTUS (vertieft im Laubrand)

T. 224

1815	(2 Ex.?)	LP

*Existenz fraglich. Dieser Typ wird nur von Thun aufgeführt; die Abbildung dort ist aber
sehr wahrscheinlich aus zwei verschiedenen Münzen kombiniert worden.*

29. Leipziger Auktion (7./8. Juni 2002)
Nr. 2324 = 6300,– Euro (s-ss)

306 Konventionstaler

Gemeinschaftsprägung von Nassau-Usingen und Nassau-Weilburg auf den Besuch der Münze in Ehrenbreitstein

Vs.: FRIEDRICH AUGUST HERZOG ZU NASSAU Signatur L

Rs.: FRIEDRICH WILHELM FÜRST ZU NASSAU Signatur L

Rand: glatt

T. 225

Variante: Münzel Teichmann EHRENBREITSTEIN 1815 (graviert)

1815   LP

Wilhelm 1816 – 1839

307 Kronentaler

Vs.: WILHELM HERZOG ZU NASSAU Signatur L
Rs.: KRONEN THALER Mmz. .C. 1816 .T.
Rand: UT SIT SUO PONDERE TUTUS (vertieft)

Dav. 740 – AKS 39 – Jaeger 29 – T. 226

1816	LP

308 Kronentaler

Vs.: HERZOGTHUM NASSAU 1817
Rs.: EIN KRONENTHALER Mmz. C. T. Signatur L
Rand: UT SIT SUO PONDERE TUTUS

Dav. 741 – AKS 40 – Jaeger 32a+b – T. 227

Variante: Jahreszahl deutlich größer (hier abgebildet)

1817	(12700)	1800.–	3500.–	5800.–

309 Kronentaler

Vs.: WILHELM HERZOG ZU NASSAU. Signatur P.Z.
Rs.: KRONEN THALER Mmz. C. (Jahr) T.
Rand: UT SIT SUO PONDERE TUTUS

Dav. 740 – AKS 41 – Jaeger 36 – T. 228

Variante: Ohne Punkt nach NASSAU, veränderte Frisur

1818	(4500)	1700.–	3000.–	6800.–
1825	(2000)	1800.–	3200.–	7500.–

310 Kronentaler

Vs.: WILHELM HERZOG ZU NASSAU
      Signatur ZOLLMANN F.
Rs.: BESUCHT ZUM ERSTENMAL DIE VON IHM ERBAUTE
      MÜNZSTÄTTE ZU WIESBADEN DEN 28 DEC: 1831.
Rand: ZUR SICHERUNG DES GEWICHTS

Dav. 742 – AKS 57 – Jaeger 42 – T. 229

1831		2500.–	3600.–	4800.–

311 Kronentaler

Vs.: WILHELM HERZOG ZU NASSAU Signatur ZOLLMANN F.
Rs.: KRONEN THALER   Jahr
Rand: ZUR SICHERUNG DES GEWICHTS

Dav. 743 – AKS 42 – Jaeger 41 – T. 230

1831		1200.–	2500.–	4800.–
1832 [*]	(567)	450.–	750.–	1500.–
1833		450.–	750.–	1500.–
1836		450.–	750.–	1500.–
1837	(26830)	450.–	750.–	1500.–

) Die Prägezahl von 567 Stück steht im Widerspruch zum häufigen Vorkommen.

1837 auch Kehrprägung ↑ Berichte 130 (1982), S. 1613

Adolph 1839 – 1866

312 Doppelgulden

Vs.: ADOLPH HERZOG ZU NASSAU
am Halsabschnitt Signatur C. ZOLLMANN

Rs.: ZWEY GULDEN   Jahr

Rand: Vertiefte Vierecke

Dav. 746 – AKS 62 – Jaeger 50 – T. 233

1846	(176620)	320.–	850.–	1250.–
1847	(88280)	320.–	900.–	1500.–

313 Vereinstaler

Vs.: ADOLPH HERZOG ZU NASSAU
am Halsabschnitt Signatur Z

Rs.: EIN VEREINSTHALER XXX EIN PFUND FEIN Jahr

Rand: MÜNZVERTRAG VOM 24 JANUAR 1857

Dav. 747 – AKS 63 – Jaeger 60 – T. 234

Variante: 1860 mit doppeltem Ohr

1859	(49780)	160.–	350.–	800.–
1860	(30030)	160.–	350.–	800.–

314 **Vereinstaler**

Vs.: ADOLPH HERZOG ZU NASSAU
am Halsabschnitt Signatur F. KORN

Rs.: EIN VEREINSTHALER XXX EIN PFUND FEIN 1863

Rand: MÜNZVERTRAG VOM 24 JANUAR 1857

Dav. 749 – AKS 64 – Jaeger 62 – T. 236

| 1863 | (145170) | 160.– | 400.– | 1200.– |

315 **Vereinstaler**

Vs.: ADOLPH HERZOG ZU NASSAU
am Halsabschnitt Signatur F. KORN

Rs.: DEM EDLEN FÜRSTEN GEWIDMET BEI BESUCH
SEINER MÜNZE

Rand: glatt

Dav. 989 – AKS 76 – Jaeger IV – T. 237

| 1861 | (3) | 38000.– |

Mit den Originalstempeln sollen später noch 25 Exemplare geprägt worden sein.

316 Vereinstaler

Vs.: ADOLPH HERZOG ZU NASSAU
am Halsabschnitt Signatur F. KORN

Rs.: ZUR FEIER 25 JÄHRIGER SEGENSREICHER
REGIERUNG / DEN 21 AUGUST 1864

Rand: EIN GEDENKTHALER XXX EIN PFUND FEIN

Dav. 750 – AKS 77 – Jaeger 63 – T. 238

1864	(6160)	150.–	280.–	450.–

317 Doppeltaler

Vs.: ADOLPH HERZOG ZU NASSAU
am Halsabschnitt Signatur ZOLLMANN

Rs.: VEREINSMÜNZE VII EINE F. MARK
im Eichenkranz 3 ½ GULDEN 2 THALER 1840

Rand: CONVENTION VOM 30 JULY 1838

Dav. 744 – AKS 58 – Jaeger 51 – T. 231

1840	(55780)	700.–	2600.–	6000.–

318 **Doppeltaler**

Vs.: ADOLPH HERZOG ZU NASSAU

Rs.: 3 ½ GULDEN VII EINE F. MARK 2 THALER
VEREINS MÜNZE   Jahr

Rand: CONVENTION VOM 30 JULY 1838

Dav. 745 – AKS 59 + 60 – Jaeger 52 + 53 – T. 232

*Variante: 1844 mit Signatur ZOLLMANN F. am
Halsabschnitt (Jaeger 52 – AKS 59)*

1844	(21000)	750.–	1800.–	3700.–
1847	(Probe)			25000.–
1854	(72000)	750.–	1500.–	3300.–

319 Vereinsdoppeltaler

Vs.: ADOLPH HERZOG ZU NASSAU
am Halsabschnitt Signatur C. ZOLLMANN

Rs.: ZWEI VEREINSTHALER XV EIN PFUND FEIN 1860

Rand: MÜNZVERTRAG VOM 24 JANUAR 1857

Dav. 748 – AKS 61 – Jaeger 61a+b – T. 235

Variante: Rs.-Umschrift weiter vom Perlkreis entfernt (Jaeger 61b)

1860	450.–	1200.–	2300.–

Großherzogtum Oldenburg

Münzstätten:	Hannover	Mzz. B
	Wiesbaden	

Münzmeister:
B   Theodor Wilhelm Brüel, Hannover

Medailleure:
BREHMER F.   Heinrich Brehmer, Hannover
ZOLLMANN   Johann Philipp Zollmann, Wiesbaden

Paul Friedrich August 1829 – 1853

320 Taler
Vs.: PAUL FRIEDR. AUGUST GR: H. V. OLDENBURG
   Mzz. B
Rs.: EIN THALER XIV EINE F. M. 1846
Rand: EIN GOTT EIN RECHT EINE WAHRHEIT
   Dav. 752 – AKS 9 – Jaeger 43 – T. 240

1846	(41750)	230.–	850.–	2800.–

321 **Doppeltaler** (für das Fürstentum Birkenfeld)

Vs.: PAUL FRIEDRICH AUGUST GROSHERZOG VON
OLDENBURG
unter dem Halsabschnitt Signatur ZOLLMANN

Rs.: VEREINSMÜNZE VII EINE F. MARK ·
3 ½ GULDEN 2 THALER 1840

Rand: CONVENTION VOM 30 JULY 1838

Dav. 751 – AKS 8 – Jaeger 56 – T. 239

*Variante: Spitze des Halsabschnitts berührt fast die
Umschrift, Signatur ZOLLMANN näher am Halsabschnitt*

1840	(9630)	2700.–	4700.–	9500.–

Nicolaus Friedrich Peter 1853 – 1900

322 Vereinstaler

Vs.: NICOLAUS FRIEDR. PETER GR. H. V. OLDENBURG
Mzz. B am Halsabschnitt Signatur BREHMER F.
Rs.: EIN VEREINSTHALER XXX EIN PFUND FEIN   Jahr
Rand: EIN GOTT EIN RECHT EINE WAHRHEIT

Dav. 753 – AKS 25 – Jaeger 55 – T. 241

1858	(16800)	250.–	600.–	1200.–
1860	(46745)	200.–	500.–	950.–
1866	(72040)	160.–	330.–	750.–

Erzbistum Olmütz

Münzstätte: Wien

Rudolph Johann 1819 – 1831

323   **½ Konventionstaler**

Vs.:   RUDOLPH · JOAN · D · G · CAES · A · R · HUN · BOH ·
PRINC · A · A ·

Rs.:   S · R · E · TIT · S · PETRI IN MONT · AVR · CARD ·
ARCHIEP · OLOM ·1820·

Rand: INTEGER ET IN MINIMIS

Lichn. 538

1820	220.–	380.–	600.–

324 Konventionstaler

Vs.: RUDOLPH · JOAN · D · G · CAES · A · R · HUN · BOH · PRINC · A · A ·

Rs.: S · R · E · TIT · S · PETRI IN MONT · AVR · CARD · ARCHIEP · OLOM ·1820·

Rand: INTEGER ET IN MINIMIS

Dav. 41 – Lichn. 537

1820	320.–	600.–	1200.–

Kaiserreich Österreich

Münzstätten:

Wien	Mzz. A
Kremnitz	Mzz. B
Prag	Mzz. C
Karlsburg	Mzz. E
Nagybanya	Mzz. G
Mailand	Mzz. M
Venedig	Mzz. V

Medailleur:
C. R.   Carl Radnitzky

Franz II. / I. 1792/1806 – 1835

325 Kronentaler

Vs.:   FRANCISC · II · D · G · R · I · S · A · GER · HIE · HVN ·
BOH · REX ·   Mzz. M

Rs.:   ARCH · AVST · DVX · BVRG · LOTH · BRAB · COM ·
FLAN · 1800 ·

Rand: IVSTITIA ET FIDE

Dav. 1390 – Voglh. 307 – Jl. 134c

1800	250.–	450.–	850.–

326 **½ Konventionstaler**

Vs.: FRANCISCVS II · D · G · R · IMP · S · A · GERM · HV ·
BO · REX · Mzz. A

Rs.: ARCH · AVST · D · BVRG · LOTH · M · D · HET · (Jahr) · X

Rand: LEGE ET FIDE

Jl. 108

1800	500.–	1500.–	2800.–
1801	450.–	1300.–	2500.–
1802	450.–	1300.–	2500.–
1803	450.–	1300.–	2500.–
1804	450.–	1300.–	2500.–

327 ½ **Konventionstaler**

Vs.: FRANCISCVS II · D · G · ROM · ET HAER · AVST · IMP ·
Mzz.

Rs.: GERM · HVN · BOH · REX · A · A · D · LOTH · VEN ·
SAL. Jahr ·

Rand: LEGE ET FIDE

Jl. 154

Mzz. A (Wien)

1804	650.–	1700.–	3000.–
1805	600.–	1500.–	2700.–
1806	600.–	1500.–	2700.–

Mzz. V (Venedig)

1805	LP

328 ½ **Konventionstaler**

Vs.: FRANCISCVS I · D · G · AVSTRIAE IMPERATOR · Mzz.

Rs.: HVN · BOH · GAL · REX · A · A · D · LO · SAL · WIRC · Jahr ·

Rand: IVSTITIA REGN FVNDAMENTVM

Jl. 162

Mzz. A (Wien)

1807	700.–	1900.–	2800.–
1808	500.–	1200.–	2000.–
1809	500.–	1200.–	2000.–
1810	500.–	1200.–	2000.–

Mzz. C (Prag)

1809	700.–	1800.–	2800.–

329 ½ **Konventionstaler**

Vs.:   FRANCISCVS I: D: G: AVSTRIAE IMPERATOR · Mzz.

Rs.:   HVN · BOH: GAL: REX. A: A: LO: WI: ET IN · FR: DVX · Jahr ·

Rand: IVSTITIA REGN FVNDAMENTVM

Jl. 174

Mzz. A (Wien)

1811	(2180)	700.–	1900.–	2800.–
1812	(1930)	500.–	1200.–	2000.–
1813	(1710)	500.–	1200.–	2000.–
1814	(1530)	500.–	1200.–	2000.–
1815	(7840)*⁾	80.–	200.–	450.–

Mzz. B (Kremnitz)

1815	(7840)*⁾	170.–	420.–	650.–

*) *Die Prägezahl umfaßt Wien (A) und Kremnitz (B) zusammen.*

330 ½ **Konventionstaler**

Vs.: FRANCISCVS I · D · G · AVSTRIAE IMPERATOR · Mzz.

Rs.: HVN · BOH · LOMB · ET VEN · GAL · LOD · IL · REX · A · A · Jahr ·

Rand: IVSTITIA REGN FVNDAMENTVM

Jl. 189

Mzz. A (Wien)

1817	(12040)	300.–	700.–	1200.–
1818	(3690)	150.–	350.–	620.–
1819		100.–	280.–	550.–
1820		100.–	280.–	550.–
1820		100.–	280.–	550.–
1821		100.–	280.–	550.–
1822		100.–	280.–	550.–
1823		100.–	280.–	550.–
1824		80.–	250.–	500.–

Mzz. B (Kremnitz)

1818	200.–	420.–	750.–
1819			LP
1820	350.–	720.–	1200.–
1821	100.–	280.–	550.–
1822	600.–	1000.–	1800.–
1823	100.–	280.–	550.–
1824	100.–	280.–	550.–

Mzz. C (Prag)

1819	80.–	220.–	500.–
1820	200.–	420.–	780.–
1821	80.–	220.–	500.–
1822	220.–	450.–	800.–
1823	100.–	280.–	550.–
1824	80.–	220.–	500.–

Mzz. E (Karlsburg)

1819	300.–	700.–	1200.–
1820	200.–	420.–	780.–
1821	100.–	280.–	550.–
1822	100.–	280.–	550.–
1823	100.–	280.–	550.–

Mzz. G (Nagybanya)

1819	100.–	280.–	550.–
1820			LP
1821	120.–	300.–	600.–
1822	300.–	700.–	1200.–
1823	220.–	450.–	800.–
1824	300.–	700.–	1200.–

Mzz. V (Venedig)

1818	80.–	220.–	500.–
1821	350.–	750.–	1250.–

331 ½ **Konventionstaler**

Vs.: FRANCISCVS I · D · G · AVST · IMPERATOR · Mzz.

Rs.: HVN · BOH · LOMB · ET VEN · GAL · LOD · IL · REX · A · A · Jahr ·

Rand: IVSTITIA REGN FVNDAMENTVM
Jl. 197

Mzz. A (Wien)

1825	120.–	280.–	600.–
1826	120.–	280.–	600.–
1827	140.–	300.–	650.–
1828	140.–	300.–	650.–
1829	100.–	280.–	600.–
1830	140.–	300.–	650.–

Mzz. B (Kremnitz)

1825	120.–	280.–	600.–
1826	150.–	320.–	650.–
1827	700.–	1200.–	2500.–

Mzz. C (Prag)

1825	230.–	450.–	850.–
1826	150.–	350.–	650.–
1827	700.–	1200.–	2000.–

Mzz. E (Karlsburg)

1830	700.–	1200.–	2000.–

Mzz. G (Nagybanya)

1826	700.–	1200.–	2000.–

332 ½ **Konventionstaler**

Vs.: FRANCISCVS I · D · G · AVSTRIAE IMPERATOR ·
Mzz. A

Rs.: HVN · BOH · LOMB · ET VEN · GAL · LOD · IL · REX · A ·
A · 1831 ·

Rand: IVSTITIA REGNORVM FVNDAMENTVM

Jl. 207

1831	230.–	450.–	750.–

333 ½ Konventionstaler

Vs.:   FRANCISCVS I · D · G · AVSTRIAE IMPERATOR · Mzz.

Rs.:   HVN · BOH · LOMB · ET VEN · GAL · LOD · IL · REX · A ·
A · Jahr ·

Rand: IVSTITIA REGNORVM FVNDAMENTVM

Jl. 214 + 214 F

Mzz. A (Wien)

1832	150.–	350.–	620.–
1833	150.–	350.–	620.–
1834	170.–	380.–	670.–
1835	220.–	430.–	750.–

Mzz. E (Karlsburg)

1833	680.–	1100.–	2000.–

334 Konventionstaler

Vs.: FRANCISCVS II · D · G · R · IMP · S · A · GERM · HV ·
BO · REX · Mzz. A

Rs.: ARCH · AVST · D · BVRG · LOTH · M · D · HET · (Jahr) · X

Rand: LEGE ET FIDE

Dav. 3 – Voglh. 306/I – Jl. 109

Variante: 1804 mit ROMANOR · IMP ·

1800	700.–	1500.–	2700.–
1801	700.–	1500.–	2700.–
1802	700.–	1500.–	2700.–
1803	600.–	1350.–	2500.–
1804	600.–	1350.–	2500.–

335 Konventionstaler

Vs.: FRANCISCVS II · D · G · ROM · ET HAER · AVST · IMP ·
Mzz. A

Rs.: GERM · HVN · BOH · REX · A · A · D · LOTH · VEN · SAL
· Jahr ·

Rand: LEGE ET FIDE

Dav. 4 – Voglh. 306/II – Jl. 155

1804	500.–	1300.–	2200.–
1805	500.–	1300.–	2200.–
1806	550.–	1400.–	2300.–

336 Konventionstaler

Vs.: FRANCISCVS I · D · G · AVSTRIAE IMPERATOR Mzz.

Rs.: HVN · BOH · GAL · REX · A · A · D · LO · SAL · WIRC · Jahr ·

Rand: IVSTITIA REGN FVNDAMENTVM

Dav. 5 – Voglh. 308/I – Jl. 163

Mzz. A (Wien)

1806			LP
1807	350.–	700.–	1100.–
1808	380.–	750.–	1200.–
1809	300.–	620.–	1000.–
1810			

Mzz. B (Kremnitz)

1809	900.–	2500.–	4000.–

(wurde erst 1841 geprägt)

Mzz. C (Prag)

1809	300.–	650.–	1000.–

337 Konventionstaler

Vs.: FRANCISCVS I: D: G: AVSTRIAE IMPERATOR ·   Mzz.
Rs.: HVN: BOH: GAL: REX · A: A: LO: WI: ET IN FR: DVX ·
Jahr ·
Rand: IVSTITIA REGN FVNDAMENTVM

Dav. 6 – Voglh. 308/II – Jl. 175

Mzz. A (Wien)

1811	200.–	400.–	750.–
1812	900.–	2000.–	3300.–
1813	500.–	1200.–	2200.–
1814	150.–	350.–	650.–
1815	150.–	350.–	650.–

Mzz. B (Kremnitz)

1814			LP
1815	150.–	350.–	650.–

Mzz. C (Prag)

1811	250.–	450.–	800.–
1812	900.–	2000.–	3200.–
1813	900.–	2000.–	3200.–
1814	250.–	450.–	800.–
1815	150.–	350.–	650.–

338 Konventionstaler

Vs.: FRANCISCVS I · D · G · AVSTRIAE IMPERATOR ·   Mzz.

Rs.: HVN · BOH · LOMB · ET VEN · GAL · LOD · IL · REX · A ·
A · Jahr ·

Rand: IVSTITIA REGN FVNDAMENTVM

Dav. 7 – Voglh. 308/III – Jl. 190

Mzz. A (Wien)

1817	120.–	350.–	600.–
1818	120.–	380.–	650.–
1819	100.–	320.–	600.–
1820	120.–	350.–	600.–
1821	120.–	350.–	600.–
1822	100.–	300.–	580.–
1823	120.–	350.–	600.–
1824	130.–	380.–	680.–

Mzz. B (Kremnitz)

1818	120.–	350.–	600.–
1819			LP
1820			LP
1821	100.–	320.–	550.–
1822	120.–	350.–	600.–
1823	120.–	350.–	600.–
1824	100.–	320.–	550.–

Mzz. C (Prag)

1819	120.–	350.–	600.–
1820	130.–	370.–	630.–
1821	120.–	350.–	600.–
1822	120.–	350.–	600.–
1823	120.–	350.–	600.–
1824	100.–	300.–	550.–

Mzz. E (Karlsburg)

1819	130.–	380.–	650.–
1820	120.–	350.–	600.–
1821	130.–	380.–	630.–
1822	120.–	350.–	600.–
1823	120.–	350.–	600.–
1824	250.–	430.–	700.–

Mzz. G (Nagybanya)

1819	120.–	350.–	600.–
1820	250.–	450.–	720.–
1821	130.–	370.–	620.–
1822	120.–	350.–	600.–
1823	120.–	350.–	600.–
1824	130.–	370.–	620.–

Mzz. M (Mailand)

1819	130.–	370.–	630.–
1820	130.–	370.–	630.–
1821	250.–	470.–	700.–
1822	250.–	470.–	700.–

Mzz. V (Venedig)

1818	250.–	470.–	700.–
1821	250.–	470.–	700.–
1822	1300.–	3200.–	5000.–

339 Konventionstaler

Vs.: FRANCISCVS I · D · G · AVSTRIAE IMPERATOR ·   Mzz.

Rs.: HVN · BOH · LOMB · ET VEN · GAL · LOD · IL · REX · A · A · Jahr ·

Rand: IVSTITIA REGN FVNDAMENTVM

Dav. 9 – Voglh. 308/IV – Jl. 198

Mzz. A (Wien)

1824	140.–	380.–	650.–
1825	140.–	380.–	650.–
1826	140.–	380.–	650.–
1827	140.–	380.–	650.–
1828	140.–	380.–	650.–
1829	140.–	380.–	650.–
1830	120.–	320.–	500.–

Mzz. B (Kremnitz)

1825	140.–	380.–	650.–
1826	140.–	380.–	650.–
1827	1200.–	3000.–	5000.–

Mzz. C (Prag)

1825	300.–	600.–	1500.–
1826	150.–	380.–	680.–
1827	250.–	480.–	720.–

Mzz. E (Karlsburg)

1830	650.–	2200.–	4000.–

Mzz. G (Nagybanya)

1825	250.–	450.–	700.–

340   Konventionstaler

Vs.: FRANCISCVS I. D. G. AVSTRIAE IMPERATOR. Mzz. A
Rs.: HVN. BOH. LOMB. ET VEN. GAL. LOD. IL. REX. A. A.
1831.
Rand: IVSTITIA REGNORVM FVNDAMENTVM

Dav. 10 – Voglh. 308/IV – Jl. 208

1831	200.–	400.–	1000.–

341 Konventionstaler

Vs.: FRANCISCVS I. D. G. AVSTRIAE IMPERATOR. Mzz.
Rs.: HVN. BOH. LOMB. ET VEN. GAL. LOD. IL. REX. A. A. Jahr.
Rand: IVSTITIA REGNOR FVNDAMENTVM

Dav. 11 – Voglh. 308/IV Var. – Jl. 215 + 215 F

Variante: 1833 Randschrift FVNDAMENIVM (vz 1800.–)

Mzz. A (Wien)

1831	1800.–	3500.–	5000.–
1832	220.–	470.–	700.–
1833	220.–	470.–	700.–
1834	320.–	700.–	1500.–
1835	220.–	470.–	700.–

Mzz. B (Kremnitz)

1833	1800.–	3500.–	5000.–

Mzz. E (Karlsburg)

1833	250.–	500.–	1200.–

Ferdinand I. 1835 – 1848

342 ½ **Konventionstaler**

Vs.: FERDINANDVS I · D · G · AVSTRIAE IMPERATOR ·
Mzz. A

Rs.: HVNG · BOH · LOMB · ET VEN · GAL · LOD · IL · REX ·
A · A · Jahr ·

Rand: RECTA TVERI

Jl. 238

1835	750.–	1250.–	2000.–
1836	450.–	900.–	1600.–

343 ½ **Konventionstaler**

Vs.: FERD · I · D · G · AVSTR · IMP · HVNG · BOH · R · H · N · V · Mzz.

Rs.: REX · LOMB · ET VEN · DALM · GAL · LOD · ILL · A · A · Jahr ·

Rand: RECTA TVERI

Jl. 245

Mzz. A (Wien)

1837		100.–	200.–	350.–
1838		100.–	200.–	350.–
1839		100.–	200.–	350.–
1840		80.–	180.–	320.–
1841		100.–	200.–	350.–
1842		100.–	200.–	350.–
1843		100.–	200.–	350.–
1844		100.–	200.–	350.–
1845		100.–	200.–	350.–
1846		100.–	200.–	350.–
1847		100.–	200.–	350.–
1848	(3960)	100.–	220.–	380.–

Mzz. GM (Belagerung von Mantua)

1848	700.–	1500.–	2800.–

344 Konventionstaler

Vs.: FERDINANDVS I. D. G. AVSTRIAE IMPERATOR.   Mzz.
Rs.: HVNG. BOH. LOMB. ET VEN. GAL. LOD. IL. REX. A. A.
Jahr.
Rand: RECTA TVERI

Dav. 12 – Voglh. 314/I – Jl. 239

Variante: 1835 A mit verändertem Kopfbild

Mzz. A (Wien)

1835	850.–	1600.–	2700.–
1836	500.–	900.–	1500.–

Mzz. C (Prag)

1835			LP
1836	1000.–	1800.–	4000.–

345 Konventionstaler

Vs.: FERD · I · D · G · AVSTR · IMP · HVNG · BOH · R · H · N · V · Mzz.

Rs.: REX · LOMB · ET · VEN · DALM · GAL · LOD · ILL · A · A · Jahr ·

Rand: RECTA TVERI

Dav. 14 – Voglh. 314/II – Jl. 246

Variante: 1833 Randschrift FVNDAMENIVM

Mzz. A (Wien)

1837	250.–	550.–	900.–
1838	140.–	350.–	650.–
1839	140.–	350.–	650.–
1840	100.–	250.–	500.–
1841	100.–	250.–	500.–
1842	100.–	250.–	500.–
1843	100.–	250.–	500.–
1844	100.–	250.–	500.–
1845	100.–	250.–	500.–
1846	100.–	250.–	500.–
1847	100.–	250.–	500.–
1848 (118750)	100.–	250.–	500.–

Mzz. M (Mailand)

1837	900.–	2500.–	3500.–
1838	900.–	2500.–	3500.–

Franz Josef I. 1848 – 1916

346   ½ Konventionstaler

Vs.:   FRANC · IOS · I · D · G · AVSTR · IMP · HVNG · BOH · REX
Mzz. A

Rs.:   REX · LOMB · ET · VEN · DALM · GAL · LOD · ILL · A · A ·
Jahr ·

Rand: VIRIBVS VNITIS

Jl. 289

1848	1500.–	3200.–	5000.–
1849	1400.–	3000.–	4500.–
1850	1500.–	3200.–	5000.–
1851	1500.–	3200.–	5000.–

347 Konventionstaler

Vs.: FRANC · IOS · I · D · G · AVSTR · IMP · HVNG · BOH · REX
Mzz. A

Rs.: REX · LOMB · ET · VEN · DALM · GAL · LOD · ILL · A · A ·
Jahr ·

Rand: VIRIBVS VNITIS

Dav. 15 – Voglh. 317/II – Jl. 290

1848	3500.–	5800.–	7500.–
1849	3500.–	5800.–	7500.–
1850	3800.–	6000.–	8000.–
1851	3800.–	6000.–	8000.–

348 Konventionstaler

Vs.: FRANC · IOS · I · D · G · AVSTRIAE IMPERATOR ·   Mzz. A

Rs.: HVNG · BOH · LOMB · ET VEN · GAL · LOD · ILL · REX ·
A · A · 1852

Rand: VIRIBVS VNITIS

Dav. 16 – Voglh. 317/I – Jl. 292

1852	4500.–	7500.–	14000.–

349 **½ Konventionstaler**

Vs.: FRANC · IOS · I · D · G · AVSTRIAE · IMPERATOR · Mzz.

Rs.: HVNG · BOH · LOMB · ET VEN · GAL · LOD · ILL · REX · A · A · Jahr

Rand: VIRIBVS VNITIS

Jl. 295 + 296 F

Variante: 1856 Randschrift VIRIBVS VIRIBVS (vz 1800.–)

Mzz. A (Wien)

1852	600.–	1200.–	2000.–
1853	600.–	1200.–	2000.–
1854	600.–	1200.–	2000.–
1855	600.–	1200.–	2000.–
1856	600.–	1200.–	2000.–

Mzz. B (Kremnitz)

1853	7000.–	12000.–	18000.–

350 Konventionstaler

Vs.: FRANC · IOS · I · D · G · AVSTRIAE IMPERATOR ·   Mzz.
Rs.: HVNG · BOH · LOMB · ET VEN · GAL · LOD · ILL · REX · A · A · Jahr
Rand: VIRIBVS VNITIS

Dav. 17 – Voglh. 318 – Jl. 296

Mzz. A (Wien)

1852	350.–	650.–	900.–
1853	280.–	550.–	800.–
1854	280.–	550.–	800.–
1855	250.–	500.–	750.–
1856	280.–	550.–	800.–

Mzz. B (Kremnitz)

1853	750.–	1700.–	2500.–

Mzz. V fehlt absichtlich

351   Konventionstaler (Doppelgulden) auf die Hochzeit des Kaisers

Vs.:   FRANCISC · IOS · I · D · G · AVSTRIAE IMP · ET
ELISABETHA MAX · IN BAVAR · DVCIS FIL ·   Mzz. A

Rs.:   MATRIMONIO CONIVNCTI
DIE XXIV APRILIS MDCCCLIV

Rand: ZWEI GULDEN XII EINE F · W · M ·

Dav. 19 – Jl. 300

1854	100.–	200.–	350.–

352 Vereinstaler

Vs.: FRANZ JOSEPH I · V · G · G · KAISER V · OESTERREICH Mzz.

Rs.: EIN VEREINSTHALER XXX EIN PFUND FEIN Jahr

Rand: MIT VEREINTEN KRAEFTEN

Dav. 21 – Jl. 312 – T. 445 – 449

Verschiedene Varianten

Mzz. A (Wien)

1857	100.–	180.–	320.–
1858	100.–	180.–	320.–
1859	100.–	180.–	320.–
1860	100.–	180.–	320.–
1861	100.–	180.–	320.–
1862	120.–	250.–	400.–
1863	120.–	250.–	400.–
1864	100.–	180.–	320.–
1865	100.–	180.–	320.–

Mzz. B (Kremnitz)

1857	100.–	180.–	320.–
1858	100.–	180.–	320.–
1859	100.–	180.–	320.–
1861	100.–	180.–	320.–
1862	100.–	180.–	320.–
1863	100.–	180.–	320.–
1864	100.–	180.–	320.–
1865	120.–	250.–	400.–

Mzz. E (Karlsburg)

1857	150.–	280.–	500.–
1858	150.–	280.–	500.–
1859	120.–	250.–	400.–
1861	120.–	250.–	400.–
1863	120.–	250.–	400.–
1864	120.–	250.–	400.–
1865	120.–	250.–	400.–

Mzz. M (Mailand)

1858	350.–	600.–	950.–
1859	350.–	600.–	950.–

Mzz. V (Venedig)

1857	600.–	1000.–	1600.–
1858	280.–	450.–	700.–
1860	280.–	450.–	700.–
1861	280.–	450.–	700.–
1862	280.–	450.–	700.–
1863	280.–	450.–	700.–
1864	500.–	900.–	1400.–
1865	280.–	450.–	700.–

353 Vereinstaler

Vs.: FRANZ JOSEPH I · V · G · G · KAISER V ·
OESTERREICH Mzz.

Rs.: EIN VEREINSTHALER XXX EIN PFUND FEIN Jahr

Rand: MIT VEREINTEN KRAEFTEN

Dav. 26 – Jl. 316 – T. 450 – 452

Mzz. A (Wien)

1866	150.–	300.–	500.–
1867	150.–	300.–	500.–

Mzz. B (Kremnitz)

1866	150.–	300.–	500.–
1867	150.–	300.–	500.–

Mzz. E (Karlsburg)

1866	220.–	400.–	700.–
1867	220.–	400.–	700.–

*Vom Jahrgang 1868 E sind zwar rund 16 000 Stück geprägt worden, jedoch wurden sie
komplett wieder eingeschmolzen.*

354 Doppelgulden

Vs.: FRANC · IOS · I · D · G · AVSTRIAE IMPERATOR
Mzz.

Rs.: HVNG · BOH · LOMB · ET VEN · 2 FL · GAL · LOD · ILL ·
REX A · A. Jahr

Rand: VIRIBVS VNITIS

Dav. 22 – Jl. 329 – T. 453 – 455

Mzz. A (Wien)

1859		250.–	500.–	850.–
1860		2000.–	4000.–	5000.–
1861				LP
1862	(15480)	500.–	850.–	1500.–
1863	(24310)	200.–	350.–	450.–
1864	(31130)	150.–	300.–	450.–
1865	(72340)	150.–	300.–	450.–
1866				LP

Mzz. B (Kremnitz)

1859	150.–	350.–	550.–

Mzz. V (Venedig)

1860	800.–	1800.–	3300.–

355 **Doppelgulden**

Vs.: FRANC · IOS · I · D · G · AVSTRIAE IMPERATOR
      Mzz. A

Rs.: HVNG · BOH · LOMB · ET VEN · 2 FL · GAL · LOD · ILL ·
      REX A · A · Jahr

Rand: VIRIBVS VNITIS

Dav. 25 – Jl. 336 – T. 456

1866	500.–	900.–	1300.–

356 Vereinsdoppeltaler

Vs.: FRANZ JOSEPH I · V · G · G · KAISER V·
OESTERREICH Mzz. A   Signatur C·R·

Rs.: VOLLENDUNG DER OESTERREICHISCHEN SÜDBAHN
1857 / 2 · VEREINS THALER

Rand: glatt

Dav. 20 – Jl. 320 – T. 444

Varianten:

*a) Die oberen Blätter des Lorbeerkranzes zwischen den
Buchstaben A und I des Wortes KAISER*

*b) Signatur C. R. (Punkte unten) und diese Buchstaben
weiter voneinander entfernt*

| 1857 | (1644) | 2000.– | 3500.– | 5000.– |

357 Vereinsdoppeltaler

Vs.: FRANZ JOSEPH I · V · G · G · KAISER V · OESTER-
REICH Mzz. A

Rs.: ZWEI VEREINSTHALER XV EIN PFUND FEIN 1865

Rand: MIT VEREINTEN KRAEFTEN

Dav. 23 – Jl. 313 – T. 459

1865	(7425)	1600.–	2800.–	4200.–

358 Vereinsdoppeltaler

Vs.: FRANZ JOSEPH I · V · G · G · KAISER V · OESTER-
REICH Mzz. A

Rs.: ZWEI VEREINSTHALER XV EIN PFUND FEIN Jahr

Rand: MIT VEREINTEN KRAEFTEN

Dav. 24 – Jl. 317 – T. 460

1866	(10395)	1000.–	1600.–	2500.–
1867	(8300)	1000.–	1600.–	2500.–

Königreich Preußen

Münzstätten:	Berlin	Mzz. A	
	Breslau	Mzz. B	1799 – 1825
	Glatz	Mzz. G	1808 – 1809
		Mzz. B	1813
	Hannover	Mzz. B	1866 – 1878
	Frankfurt/Main	Mzz. C	1866 – 1879
	Düsseldorf	Mzz. D	1817 – 1848

Medailleure:	
L	Daniel Friedrich Loos
LH	August Ludwig Held

Friedrich Wilhelm III. 1797 – 1840

359 ⅔ **Taler**

Vs.: FRIEDR. WILH. KOENIG V. PR. M. ZU BRAND. D. H. R. R. E. K. U. KURF.

Rs.: 18 STÜCK EINE MARK FEIN 1801 Wertzahl ⅔

Rand: Kettenrand

Jaeger 184 – v. Schrötter 125

1801	600.–	1100.–	2000.–

360 **⅔ Taler**

Vs.:   FRIEDRICH WILHELM III KŒNIG VON PREUSSEN
Rs.:   18 STÜCK EINE MARK FEIN 1810 Wertzahl ⅔
Rand: Kettenrand

AKS 19 – Jaeger 187

1810	750.–	1250.–	2500.–

361 Taler

Vs.: FRIEDR. WILHELM III KŒNIG VON PREUSSEN
Signatur L

Rs.: EIN THALER Jahr Mzz.

Rand: Kettenrand

Dav. 755 – AKS 10 – Jaeger 29, 29 B, 29 G – T. 242, 242 B, 242 G

Varianten: 1801 ohne Mzz. (selten, Jaeger 29 Anm.); 1803 mit Stempelfehler PRUSSEN; 1805, 1807, 1808 mit V· PREUSSEN (Jaeger 30, ss 350.–)

L; 1809 mit VIERZEH; 1814 mit WILHLE; M (handwritten annotation)

Mzz. A (Berlin)

1800 A	220.–	650.–	2700.–
1801 A	180.–	480.–	2500.–
1802 A	180.–	480.–	2500.–
1803 A	180.–	480.–	2500.–
1804 A			LP
1805 A	220.–	650.–	2700.–
1806 A	220.–	650.–	2700.–
1807 A	220.–	650.–	2700.–
1808 A	220.–	650.–	2700.–
1809 A	220.–	650.–	2700.–

Mzz. B (Breslau)

1800 B	400.–	1500.–	3500.–
1801 B			LP
1802 B	250.–	800.–	2800.–
1803 B	300.–	1000.–	2200.–

Mzz. G (Glatz)

1808 G	(32650)	1000.–	4000.–	10000.–
1809 G				LP

Variante: 1809 G mit Punkt hinter PREUSSEN.

Variante mit Stempelfehler PRUSSEN   *Variante mit V· PREUSSEN*

362 **Taler**

Vs.: FRIEDR. WILHELM III KŒNIG VON PREUSSEN

Rs.: VIERZEHN EINE FEINE MARK / EIN REICHSTHALER
Jahr   Mzz.

Rand: Kettenrand

Dav. 756 – AKS 11 – Jaeger 33 – T. 244 + 244 B

*Varianten: Fehlerhafte Umschriften der Vs., z. B. VIRE-
ZEHN – VIERZEH – VIREZENN – VIERZHHN – FREIDR. –
THAELR – WILHLEM; 1814 auch ohne Mzz.*

[handwritten: 1809 mit VIERZEH 1814 mit WILHLEM]

[handwritten: eine mit Punkt hinter MARK und PREUS-SEN. 1816]

Mzz. A (Berlin)

1809 A	120.–	360.–	1000.–
1810 A	120.–	360.–	1000.–
1811 A	120.–	360.–	1000.–
1812 A	120.–	360.–	1000.–
1813 A	100.–	300.–	800.–
1814 A	100.–	300.–	680.–
1815 A	100.–	300.–	800.–
1816 A	100.–	300.–	800.–

[handwritten: THAELR ↑ Hirsch 255, Nr. 3072]

Mzz. B (Breslau, 1813 = Glatz)

1813 B	300.–	700.–	2000.–
1815 B	380.–	900.–	2500.–
1816 B	280.–	650.–	2000.–

Variante: 1813 B veränderter Halsabschnitt
(↑ NH 8 [2000], Priese), S. 68ff.)

363   Taler (auf den Besuch des Kronprinzen in der Münze Berlin)

Vs.:   FRIEDR. WILHELM III KŒNIG VON PREUSSEN

Rs.:   GOTT SCHÜTZE IHN 1 THALER   1812   Mzz. A
        UND DEN THEUREN ERBEN SEINES THRONS
        14 EINE FEINE M.

Rand: Kettenrand

Dav. 757 – AKS 60 – Jaeger 34 – T. 243

1812	9000.–	15000.–	25000.–

364   Taler („Kammerherrentaler")

Vs.:   FR. WILH. III K. V. PREUSS.
Rs.:   EIN THALER   Mzz. A   Jahr
Rand: GOTT MIT UNS

Dav. 758 – AKS 12 – Jaeger 35 – T. 245

1816	900.–	3000.–	12000.–
1817	1500.–	6000.–	18000.–

Diese Taler werden meistens nur in der Erhaltung „schön – sehr schön" angeboten.

365 Taler

Vs.: FRIEDR. WILHELM III KOENIG VON PREUSSEN
Rs.: EIN THALER Jahr Mzz.
Rand: GOTT MIT UNS

Dav. 759 – AKS 13 – Jaeger 37 – T. 246 + 246 D

Geringfügige Stempelverschiedenheiten der Vs. und Rs.

Mzz. A (Berlin)

1816 A	280.–	750.–	2500.–
1817 A	100.–	320.–	1000.–
1818 A	100.–	320.–	1000.–
1819 A	140.–	500.–	1200.–
1820 A	140.–	500.–	1200.–
1821 A	140.–	500.–	1200.–
1822 A	280.–	750.–	2000.–

Mzz. D (Düsseldorf)

1818 D	120.–	400.–	1000.–
1819 D	120.–	400.–	1000.–
1820 D	120.–	400.–	1000.–
1821 D			LP
1822 D	250.–	850.–	1500.–

366 **Taler (auf den Besuch des Königs in der Münze Düsseldorf)**

Vs.: Keine Um- oder Inschrift

Rs.: GOTT SEGNE DEN KOENIG
DIE MÜNZE ZU DÜSSELDORF / DEN 3. JULY 1821

Rand: GOTT MIT UNS

AKS 14 Anm. – Jaeger 59 I

1821	4000.–	7500.–	15000.–

Künker 119, Nr. 557, mit glattem Rand

367 Taler

Vs.: FRIEDR. WILHELM III KOENIG V. PREUSSEN   Mzz.A
Rs.: EIN THALER XIV EINE F. M.   Jahr
Rand: GOTT MIT UNS

Dav. 760 – AKS 14 – Jaeger 59 – T. 247 + 247 D

Verschiedene kleinere Stempelvarianten

Mzz. A (Berlin)

1823 A	(761000)	150.–	420.–	1000.–
1824 A	(1144000)	150.–	420.–	1000.–
1825 A	(405000)	150.–	420.–	1000.–
1826 A	(687000)	150.–	420.–	1000.–

Mzz. D (Düsseldorf)

1823 D	(13000)	450.–	1500.–	3300.–
1824 D	(15650)	320.–	900.–	2500.–
1825 D	(36477)	320.–	1000.–	2500.–

368 Ausbeutetaler

Vs.: FRIEDR. WILHELM III KOENIG V. PREUSSEN   Mzz. A

Rs.: EIN THALER. XIV. EINE FEINE MARK   Jahr
SEGEN DES MANSFELDER BERGBAUES

Rand: GOTT MIT UNS

Dav. 761 – AKS 16 – Jaeger 61 – T. 248

Variante: 1826 und 1827 fehlerhaftes Mzz. Λ

1826	(50000)	130.–	500.–	1700.–
1827	(50000)	130.–	500.–	1700.–
1828	(50000)	130.–	500.–	1700.–

369 Taler

Vs.: FRIEDR. WILHELM III KOENIG V. PREUSSEN   Mzz.
Rs.: EIN THALER XIV. EINE F. M. Jahr
Rand: GOTT MIT UNS

Dav. 762 – AKS 15 – Jaeger 60 – T. 249 + 249 D

Variante: 1828 mit fehlerhaftem Mzz. Λ

Mzz. A (Berlin)

1827 A	(78000)		500.–	1400.–	3000.–
1828 A	(1578000)		180.–	550.–	1600.–

Mzz. D (Düsseldorf)

1828 D	(11600)		550.–	2000.–	4200.–

370 Taler

Vs.: FRIEDR. WILHELM III KOENIG V. PREUSSEN   Mzz.
Rs.: EIN THALER XIV. EINE F. M.   Jahr
Rand: GOTT MIT UNS

Dav. 763 – AKS 17 – Jaeger 62 – T. 250 + 250 D

*Varianten: Ab 1832 D und 1833 A ohne Punkt nach XIV
(1832 A gibt es mit und ohne Punkt nach XIV)*

Mzz. A (Berlin)

				LP
1828 A				
1829 A	(4002000)	90.–	200.–	480.–
1830 A	(6888000)	90.–	200.–	480.–
1831 A	(4595000)	90.–	200.–	480.–
1832 A	(267000)	120.–	280.–	650.–
1833 A	(448000)	120.–	280.–	650.–
1834 A	(1299000)	90.–	200.–	480.–
1835 A	(449000)	120.–	280.–	650.–
1836 A	(526000)	120.–	280.–	650.–
1837 A	(466000)	120.–	280.–	650.–
1838 A	(314000)	120.–	280.–	650.–
1839 A	(247000)	120.–	280.–	650.–
1840 A	(1630000)	90.–	200.–	480.–

Mzz. D (Düsseldorf)

1829 D	(277320)	150.–	450.–	1100.–
1830 D	(650670)	130.–	400.–	1000.–
1831 D	(45120)	130.–	400.–	1000.–
1832 D	(27830)	200.–	550.–	1700.–
1833 D	(18790)	200.–	550.–	1700.–
1834 D	(21430)	200.–	550.–	1700.–
1835 D	(16240)	200.–	550.–	1700.–
1836 D	(20250)	200.–	550.–	1700.–
1837 D	(15410)	270.–	600.–	1700.–
1838 D	(24700)	200.–	500.–	1700.–
1839 D	(11740)	300.–	700.–	1700.–
1840 D	(11390)	300.–	700.–	1700.–

371 Ausbeutetaler

Vs.: FRIEDR. WILHELM III KOENIG V. PREUSSEN   Mzz. A
Rs.: EIN THALER. XIV. EINE FEINE MARK   Jahr
      SEGEN DES MANSFELDER BERGBAUES
Rand: GOTT MIT UNS

Dav. 764 – AKS 18 – Jaeger 63 – T. 251

*Varianten: Ab 1832 ohne Punkt hinter XIV; ab 1833
größeres Mzz. A; bis 1833 kleines Mzz. A*

1829	(50000)	120.–	300.–	800.–
1830	(50000)	120.–	300.–	800.–
1831	(50000)	120.–	300.–	800.–
1832	(50000)	120.–	300.–	800.–
1833	(50000)	120.–	300.–	800.–
1834	(50000)	120.–	300.–	800.–
1835	(50000)	120.–	300.–	800.–
1836	(50000)	120.–	300.–	800.–
1837	(50000)	120.–	300.–	800.–
1838	(50000)	120.–	300.–	800.–
1839	(50000)	120.–	300.–	800.–
1840	(50000)	120.–	300.–	800.–

372 Doppeltaler

Vs.: FRIEDR. WILHELM III KOENIG V. PREUSSEN Mzz. A
Rs.: 2 THALER VII EINE F. MARK 3 ½ GULDEN
VEREINS (Jahr) MÜNZE
Rand: GOTT MIT UNS

Dav. 765 – AKS 9 – Jaeger 64 – T. 252

1839	(172090)	400.–	750.–	1500.–
1840	(789240)	350.–	650.–	1200.–
1841		11000.–	20000.–	LP

1841: Emporium, Liste 218, Nr. 1584 = 12850,- €
8/2007
f Stgl.

Friedrich Wilhelm IV. 1840 – 1861

373 Taler

Vs.: FRIEDR. WILHELM IV KOENIG V. PREUSSEN Mzz. A
Rs.: EIN THALER XIV EINE F. M. 1841
Rand: GOTT MIT UNS

Dav. 767 – AKS 72 – Jaeger 69 – T. 254

1841	(2279750)	270.–	550.–	2000.–

374 **Ausbeutetaler**

Vs.: FRIEDR. WILHELM IV KOENIG V. PREUSSEN   Mzz. A

Rs.: EIN THALER. XIV EINE FEINE MARK 1841
SEGEN DES MANSFELDER BERGBAUES

Rand: GOTT MIT UNS

Dav. 768 – AKS 73 – Jaeger 70 – T. 255

| 1841 | (50000) | 270.– | 850.– | 2000.– |

375 Taler

Vs.: FRIEDR. WILHELM IV KOENIG V. PREUSSEN   Mzz. A
Rs.: EIN THALER XIV EINE F. M.   Jahr
Rand: GOTT MIT UNS

Dav. 769 – AKS 74 – Jaeger 73a+b – T. 256

Ab 1847 geringfügige Wappenänderung

1842	(518000)	170.–	430.–	900.–
1843	(600000)	120.–	320.–	600.–
1844	(918000)	120.–	320.–	600.–
1845	(720000)	120.–	320.–	600.–
1846	(1115000)	120.–	320.–	600.–
1847	(1283000)	120.–	320.–	600.–
1848	(3743000)	120.–	320.–	600.–
1849	(892000)	120.–	320.–	600.–
1850	(350000)	120.–	320.–	600.–
1851	(731000)	170.–	450.–	900.–
1852	(329000)	170.–	450.–	900.–

376 Ausbeutetaler

Vs.: FRIEDR. WILHELM IV KOENIG V. PREUSSEN   Mzz. A
Rs.: EIN THALER. XIV EINE FEINE MARK   Jahr
   SEGEN DES MANSFELDER BERGBAUES
Rand: GOTT MIT UNS

Dav. 770 – AKS 75 – Jaeger 75 – T. 257

Ab 1847 kein Punkt nach THALER

1842	(50000)	130.–	350.–	850.–
1843	(50000)	130.–	350.–	850.–
1844	(50000)	130.–	350.–	850.–
1845	(50000)	130.–	350.–	850.–
1846	(50000)	130.–	350.–	850.–
1847	(50000)	130.–	350.–	850.–
1848	(50000)	130.–	350.–	850.–
1849	(50000)	130.–	350.–	850.–
1850	(50000)	130.–	350.–	850.–
1851	(50000)	130.–	350.–	850.–
1852	(50000)	130.–	350.–	850.–

377 **Taler**

Vs.:   FRIEDR. WILHELM IV KOENIG V. PREUSSEN   Mzz. A
Rs.:   EIN THALER XIV EINE F. M.   Jahr
Rand: GOTT MIT UNS

Dav. 773 – AKS 76 – Jaeger 80 – T. 260

1853	(300000)	150.–	350.–	650.–
1854	(3500000)	130.–	250.–	600.–
1855	(7300000)	130.–	250.–	600.–
1856	(940000)	130.–	250.–	600.–

378 Ausbeutetaler

Vs.:   FRIEDR. WILHELM IV KOENIG V. PREUSSEN   Mzz. A

Rs.:   EIN THALER XIV EINE FEINE MARK   Jahr
SEGEN DES MANSFELDER BERGBAUES

Rand: GOTT MIT UNS

Dav. 774 – AKS 77 – Jaeger 81 – T. 261

1853	(50000)	140.–	330.–	750.–
1854	(50000)	140.–	330.–	750.–
1855	(50000)	140.–	330.–	750.–
1856	(50000)	140.–	330.–	750.–

379 Vereinstaler

Vs.: FRIEDR. WILHELM KOENIG V. PREUSSEN Mzz. A
Rs.: EIN VEREINSTHALER XXX EIN PFUND FEIN Jahr
Rand: GOTT MIT UNS

Dav. 775 – AKS 78 – Jaeger 84 – T. 262

1857	(836490)	90.–	200.–	350.–
1858	(1120490)	90.–	200.–	350.–
1859	(17600000)	90.–	200.–	350.–
1860	(17428870)	90.–	200.–	350.–

1861 *)	(10000)	200.–	380.–	800.–

*) Der Jahrgang 1861 ist auf Anordnung Wilhelms I. als Sterbetaler auf den Tod Friedrich Wilhelms IV. geprägt worden.

380 Ausbeutevereinstaler

Vs.: FRIEDR. WILHELM IV KOENIG V. PREUSSEN   Mzz. A
Rs.: EIN THALER XXX EIN PFUND FEIN   Jahr
SEGEN DES MANSFELDER BERGBAUES
Rand: GOTT MIT UNS

Dav. 776 – AKS 79 – Jaeger 85 – T. 263

1857	(47000)	130.–	300.–	750.–
1858	(95000)	130.–	300.–	750.–
1859	(94000)	130.–	300.–	750.–
1860	(297570)	130.–	300.–	750.–

381 Doppeltaler

Vs.: FRIEDR. WILHELM IV KOENIG V. PREUSSEN   Mzz. A
Rs.: 2 THALER VII EINE F. MARK 3 ½ GULDEN
VEREINS (Jahr) MÜNZE
Rand: GOTT MIT UNS

Dav. 766 – AKS 69 – Jaeger 71 – T. 253

1841	(4307140)	280.–	500.–	1200.–
1842	(1249470)	320.–	600.–	1400.–

382 **Doppeltaler**

Vs.:   FRIEDR. WILHELM IV KOENIG V. PREUSSEN   Mzz. A

Rs.:   2 THALER VII EINE F. MARK 3 ½ GULDEN
VEREINS (Jahr) MÜNZE
auf dem Wappenmantel Signatur LH

Rand: GOTT MIT UNS

Dav. 771 – AKS 69 – Jaeger 74 – T. 258

1843	(192720)	320.–	550.–	900.–
1844	(1068830)	280.–	480.–	900.–
1845	(961240)	280.–	480.–	900.–
1846	(1472230)	280.–	480.–	900.–
1847	(232490)	2500.–	4500.–	9000.–
1848	(4140)	5500.–	10000.–	16000.–
1850	(221120)	280.–	480.–	900.–
1851	(378540)	280.–	480.–	900.–

383 Doppeltaler

Vs.: FRIEDR. WILHELM IV KOENIG V. PREUSSEN   Mzz. A

Rs.: 2 THALER VII EINE F. MARK 3 ½ GULDEN VEREINS (Jahr) MÜNZE

Rand: GOTT MIT UNS

Dav. 772 – AKS 70 – Jaeger 82 – T. 259

1853	(2500)	800.–	1500.–	4500.–
1854	(146690)	380.–	600.–	1200.–
1855	(100040)	300.–	500.–	1000.–
1856	(627340)	300.–	430.–	800.–

384 **Vereinsdoppeltaler**

Vs.: FRIEDR. WILHELM IV KOENIG V. PREUSSEN   Mzz. A
Rs.: ZWEI VEREINSTHALER XV EIN PFUND FEIN   Jahr
Rand: GOTT MIT UNS

Dav. 777 – AKS 71 – Jaeger 86 – T. 264

1858	(16560)	1500.–	2500.–	5000.–
1859	(173520)	1800.–	2000.–	4500.–

Wilhelm I. 1861 – 1888

385 **Vereinstaler** (Krönungstaler)

Vs.: WILHELM KOENIG AUGUSTA KOENIGIN V. PREUSSEN
Rs.: SUUM CUIQUE KROENUNGS THALER 1861
Rand: GOTT MIT UNS

Dav. 778 – AKS 116 – Jaeger 87 – T. 265

1861	(1000000)	50.–	75.–	130.–

386 Vereinstaler

Vs.: WILHELM KOENIG VON PREUSSEN Mzz. A
Rs.: EIN VEREINSTHALER XXX EIN PFUND FEIN Jahr
Rand: GOTT MIT UNS

Dav. 780 – AKS 97 – Jaeger 92 – T. 266

1861	(13716250)	70.–	170.–	270.–
1862	(6057150)	80.–	200.–	320.–
1863	(1667570)	90.–	250.–	450.–

387 Ausbeutevereinstaler

Vs.: WILHELM KOENIG VON PREUSSEN Mzz. A
Rs.: EIN THALER XXX EIN PFUND FEIN Jahr
Rand: GOTT MIT UNS

Dav. 781 – AKS 98 – Jaeger 93 – T. 267

1861	(69930)	120.–	380.–	800.–
1862	(145000)	100.–	320.–	700.–

388 Vereinstaler

Vs.: WILHELM KOENIG VON PREUSSEN Mzz. A
Rs.: EIN VEREINSTHALER XXX EIN PFUND FEIN Jahr
Rand: GOTT MIT UNS

Dav. 782 – AKS 99 – Jaeger 96 – T. 270, 270 B, 270 C

Mzz. A (Berlin)

1864 A	(1379050)	80.–	200.–	350.–
1865 A	(2583730)	70.–	170.–	240.–
1866 A	(24409070)	70.–	170.–	240.–
1867 A	(31390700)	70.–	170.–	240.–
1868 A	(6286180)	70.–	170.–	240.–
1869 A	(3630180)	70.–	170.–	240.–
1870 A	(3139980)	70.–	170.–	240.–
1871 A	(7600100)	70.–	170.–	240.–

Mzz. B (Hannover)

1866 B	(33990)	180.–	350.–	900.–
1867 B	(593090)	170.–	350.–	900.–
1868 B	(48290)	230.–	520.–	1000.–
1869 B	(370370)	230.–	520.–	1000.–
1870 B	(611470)	170.–	350.–	900.–
1871 B	(245070)	180.–	350.–	900.–

Mzz. C (Frankfurt/M.)

1867 C	(179480)	300.–	550.–	1500.–
1868 C	(5139)	600.–	2000.–	4500.–
1869 C	(44210)	300.–	550.–	1500.–
1870 C	(190460)	300.–	550.–	1500.–
1871 C	(28280)	280.–	500.–	1400.–

389 **Vereinstaler (Siegestaler)**
Vs.: WILHELM KOENIG VON PREUSSEN Mzz. A
Rs.: EIN VEREINSTHALER XXX EIN PFUND FEIN Jahr
Rand: GOTT MIT UNS

Dav. 784 – AKS 117 – Jaeger 98 – T. 271

| 1866 | (ca. 500000) | 90.– | 150.– | 250.– |

390 **Vereinstaler (Siegestaler)**
Vs.: WILHELM KOENIG VON PREUSSEN Mzz. A
Rs.: SIEGES THALER 1871
Rand: GOTT MIT UNS

Dav. 785 – AKS 118 – Jaeger 99 – T. 272

| 1871 | (879660) | 40.– | 60.– | 120.– |

391 Vereinsdoppeltaler

Vs.: WILHELM KOENIG VON PREUSSEN   Mzz. A

Rs.: ZWEI VEREINSTHALER XV EIN PFUND FEIN   Jahr

Rand: GOTT MIT UNS

Dav. 779 – AKS 95 – Jaeger 94 – T. 268

1861	(9490)	1900.–	3000.–	5000.–
1862	(52770)	1400.–	2800.–	4500.–
1863	(337)			LP

392 Vereinsdoppeltaler

Vs.: WILHELM KOENIG VON PREUSSEN Mzz.
Rs.: ZWEI VEREINSTHALER XV EIN PFUND FEIN Jahr
Rand: GOTT MIT UNS

Dav. 783 – AKS 96 – Jaeger 97 – T. 269

Mzz. A (Berlin)

1865 A	(23460)	1400.–	2800.–	3800.–
1866 A	(5110)	1400.–	2500.–	4500.–
1867 A	(1190)	1400.–	2800.–	6000.–
1868 A	(1580)	1400.–	2800.–	6000.–
1869 A	(1900)	1400.–	2800.–	6000.–
1870 A	(3150)	1400.–	2800.–	6000.–
1871 A	(1130)	1400.–	2500.–	4500.–

Mzz. C (Frankfurt / M.)

1866 C	(226120)	800.–	1200.–	2000.–
1867 C	(1048830)	1000.–	1400.–	2200.–

Reichsstadt Regensburg

Münzstätte:	Regensburg
Medailleure:	
KÖRNLEIN	Nikolaus Körnlein
Z	Johann Leonhard Zöllner
Münzmeister	Georg Christoph Busch

393 Konventionstaler

Vs.: LARGIENTE NVMINE 1801 – 1802,
im Schild R   Signatur Z

Rs.: FRANCISCVS II · D · G · ROM · IMP · SEMP · AVG ·
Signatur KÖRNLEIN

Rand: Laubrand

Dav. 793 – Beckenb. 7121 – T. 273

1801/1802	2800.–	5500.–	12000.–

Fürstentum Regensburg

Siehe auch Fürstprimatische Staaten

Münzstätte: Regensburg

Münzmeister:
B und CB   Georg Christoph Busch

394   ½ **Konventionstaler**

Vs.:   CARL FÜRST PRIMAS DER RHEIN · CONFOED ·
Rs.:   XX EINE FEINE. MARK REGENSBURG 1809   Mmz. B
Rand: Laubrand

AKS 8 – Jaeger 5

Variante: Ohne Punkt nach RHEIN

1809	300.–	620.–	1200.–

Variante ohne Punkt nach RHEIN

395 Konventionstaler

Vs.: CARL FÜRST PRIMAS DER RHEIN CONFOED.

Rs.: X EINE FEINE MARK REGENSBURG 1809   Mmz. B

Rand: Laubrand

Dav. 809 – AKS 6 – Jaeger 6 – T. 274

Variante: Punkt nach RHEIN· und mittestehender Punkt nach CONFOED·

1809		500.–	1200.–	5000.–

396 Konventionstaler

Vs.: CARL FÜRST PRIMAS DER RHEIN CONFOED·

Rs.: X. EINE FEINE MARK 1809. REGENSBURG. Mmz. CB.

Dav. 810 – AKS 7 – Jaeger 7 – T. 275

1809		500.–	1400.–	4500.–

Fürstentümer Reuß

Münzstätten:	Saalfeld
	Berlin ab 1840 Mzz. A

Medailleure:
D.F. und DOELL   Johann Veit Döll

Münzmeister:
L   Georg Christoph Löwel, Saalfeld   1803 – 1835

Reuß Älterer Linie (Obergreiz)

Heinrich XIII. 1800 – 1817

397 Konventionstaler

Vs.: D · G · HENR · XIII · S · L · RUTH · S · R · I · PRINC · COM · E · DOM · PLAV Signatur DOELL F. Mmz. L

Rs.: X EINE FEINE MARK Jahr

Rand: Laubrand

Dav. 794 – AKS 1 – Jaeger 38a+b. – T. 276

Variante: Den Jahrgang 1806 gibt es mit abweichendem Wappenmantel und größeren Buchstaben der Rs.-Umschrift. Den Stempel schnitt Philipp Friedrich Stockmar (Saalfeld). Diese Variante ist seltener (ca. 105 von den 345 Exemplaren) (Jaeger 38b).

1806	(345)	2600.–	5000.–	9000.–
1807	(200)	3500.–	6800.–	13000.–

398 Konventionstaler

Vs.: V · G · G · HEINRICH · D · XIII · AELT · REUSS · G · U · H · V
· P · REG · F · Z · GREIZ · Signatur D. F. Mmz. L

Rs.: X EINE FEINE MARK Jahr

Rand: Laubrand

Dav. 795 – AKS 2 – Jaeger 39 – T. 277

1807	(300)	2000.–	5500.–	10000.–
1812	(2275)	1700.–	4000.–	7500.–

In der Prägezahl vom Jahrgang 1812 ist die Nr. 399 mit enthalten.

Nr. 397, Variante mit größeren Buchstaben auf der Rs.

399 Konventionstaler

Vs.: V · G · G · HEINRICH · D · XIII · AELT · REUSS · G · U · H · V · P · REG · F · Z · GREIZ Signatur D. F. Mmz. L

Rs.: X EINE FEINE MARK CONVENTIONS MÜNZE · Mmz. L
EIN SPECIES THALER

Rand: Laubrand

Dav. 796 – AKS 3 – Jaeger 40 – T. 278

1812	(2275)	1400.–	2700.–	5000.

In der Prägezahl ist der Jahrgang 1812 der Nr. 398 mit enthalten.

Heinrich XX. 1836 – 1859

400 Vereinstaler

Vs.: HEINRICH XX V. G. G. AELT. L. SOUV. FÜRST REUSS
Mzz. A

Rs.: EIN VEREINSTHALER XXX EIN PFUND FEIN 1858

Rand: OMNIA CUM DEO

Dav. 798 – AKS 14 – Jaeger 44 – T. 280

1858	(9500)	220.–	500.–	1100.–

401 **Doppeltaler**

Vs.: HEINRICH XX. V. G. G. AELT. LIN. SOUVERAIN. FÜRST
REUSS   Mzz. A

Rs.: 2 THALER VII EINE F. MARK 3 ½ GULDEN
VEREINS (Jahr) MÜNZE

Rand: OMNIA CUM DEO

Dav. 797 – AKS 13 – Jaeger 43 – T. 279

1841	(2400)	1000.–	2200.–	3700.–
1844	(2400)	1000.–	2200.–	3700.–
1848	(2400)	1000.–	2200.–	3700.–
1851	(2400)	1000.–	2200.–	3700.–

Heinrich XXII. 1859 – 1902

402 Vereinstaler

Vs.:   HEINRICH XXII V. G. G. ÄLT. L. SOUV. FÜRST REUSS
       Mzz. A

Rs.:   EIN VEREINSTHALER XXX EIN PFUND FEIN 1868

Rand: OMNIA CUM DEO

Dav. 799 – AKS 15 – Jaeger 50 – T. 281

| 1868 | (7100) | 220.– | 500.– | 1100.– |

Reuß Jüngerer Linie (Lobenstein-Ebersdorf)

Heinrich LI. 1779 – 1822

403 **Konventionstaler**

Vs.: HEINRICH D · LI · IÜNG · LINIE FÜRST REUSS VON EBERSDORF ·

Rs.: X EINE FEINE MARK CONVENTIONS MÜNZE
EIN SPECIES THALER 1812 Mmz. L

Rand: Laubrand

Dav. 804 – AKS 48 – Jaeger 98 – T. 282

| 1812 | (1575) | 1200.– | 2100.– | 5500.– |

Heinrich LXXII. 1822 – 1848

404 Doppeltaler

Vs.: HEINRICH LXXII JÜNG. LIN. FÜRST REUSS   Mzz. A

Rs.: 2 THALER VII EINE F. MARK 3 ½ GULDEN
VEREINS (Jahr) MÜNZE

Rand: ICH BAU AUF GOTT

Dav. 805 – AKS 56 – Jaeger 103 – T. 283

1840	(2750)	1200.–	1900.–	3000.–
1847	(5500)	1000.–	1700.–	3000.–

405 Doppeltaler

Vs.: HEINRICH LXXII JÜNG. LIN. FÜRST REUSS   Mzz. A

Rs.: ZUR FEIER FÜNF UND ZWANZIG JÄHRIGER
REGIERUNG / DEN 10 JULI 1847

Rand: ZWEI THALER VII E. F. M. DREI EIN HALB GULDEN

Dav. 806 – AKS 61 – Jaeger 104 – T. 284

1847	(500)	1500.–	3500.–	4800.–

Reuß Jüngerer Linie (Schleiz)

Heinrich LXII. 1818 – 1854

406 Doppeltaler

Vs.: HEINRICH LXII IÜNG. LIN. UND STAMM. ÄLTEST.
FÜRST REUSS   Mzz. A

Rs.: 2 THALER VII EINE F. MARK 3 ½ GULDEN
VEREINS (Jahr) MÜNZE

Rand: ICH BAU AUF GOTT

Dav. 800 – AKS 26 – Jaeger 127 – T. 285

1840	(2650)	1200.–	2000.–	3300.–
1844	(3000)	1200.–	2000.–	3300.–
1846	(2650)	1200.–	2000.–	3300.–
1853	(2700)	1200.–	2000.–	3300.–
1854	(2700)	1200.–	2000.–	3300.–

407 Doppeltaler

Vs.:   HEINRICH LXII IÜNG. LIN. UND STAMM. ÄLTEST.
        FÜRST REUSS   Mzz. A

Rs.:   ZUR FEIER XXV IAEHRIGER REGIERUNG
        D. 17 APRIL 1843

Rand: ZWEI THALER VII E. F. M. DREI EIN HALB GULDEN

Dav. 801 – AKS 35 – Jaeger 128 – T. 286

1843	(500)	1800.–	3500.–	5000.–

Heinrich LXVII. 1854 – 1867

408 Vereinstaler

Vs.: HEINRICH LXVII V. G. G. REG. FÜRST REUSS I. L.
Mzz. A

Rs.: EIN VEREINSTHALER XXX EIN PFUND FEIN   Jahr
Inschrift auf dem Band am Wappen ICH BAU AUF GOTT

Rand: MÜNZVERTRAG VOM 24 JANUAR 1857

Dav. 802 – AKS 36 – Jaeger 133 – T. 287

1858	(10000)	180.–	380.–	750.–
1862	(10000)	180.–	380.–	750.–

Heinrich XIV. 1867 – 1913

409 Vereinstaler

Vs.: HEINRICH XIV. V. G. G. REG. FÜRST REUSS I. L.   Mzz. A

Rs.: EIN VEREINSTHALER XXX EIN PFUND FEIN 1868
Inschrift auf dem Band am Wappen ICH BAU AUF GOTT

Rand: MÜNZVERTRAG VOM 24 JANUAR 1857

Dav. 803 – AKS 41 – Jaeger 136 – T. 288

1868	(14000)	180.–	380.–	750.–

Königreich Sachsen

Kurfürstentum bis 1806
Königreich ab 11.12.1806

Münzstätte: Dresden

Münzmeister:
I.E.C.   Johann Ernst Croll   bis 1804
S.G.H.   Samuel Gottlieb Helbig   1804 – 1813
I.G.S., G.S. oder S Johann Gotthelf Studer   1812 – 1832
G   Johann Georg Grohmann   1833 – 1844
F   Gustav Theodor Fischer   1845 – 1860
B   Gustav Julius Buschick   1860 – 1887

Medailleure:
STAD   Johann Veit Stadelmann   1814
A. ST.   Alois Stanger   1866

Kurfürstentum

Friedrich August III. 1763 – 1827
(als Kurfürst 1763 – 1806)

410 **⅔ Taler**

Vs.: FRID · AVGVST · D · G · DVX SAX · ELECTOR
Rs.: XX · EINE FEINE (Wertzahl) ⅔ MARK ·   Jahr   Mmz.
Rand: Laubrand

Buck 210 + 225

Mmz. I · E · C ·

1800	150.–	300.–	450.–
1801	150.–	300.–	450.–
1802	150.–	300.–	450.–
1804	150.–	300.–	450.–

Mmz. S · G · H ·

1805	150.–	300.–	450.–
1806	150.–	300.–	450.–

411 Konventionstaler

Vs.: FRID · AVGVST · D · G · DVX SAX · ELECTOR

Rs.: X · EINE FEINE MARK · Jahr   Mmz.

Rand: Laubrand

Dav. 850 – Buck 211 + 226 – T. 289

Mmz. I · E · C ·

1800	150.–	380.–	750.–
1801	120.–	230.–	420.–
1802	120.–	230.–	420.–
1803	120.–	230.–	420.–
1804	150.–	320.–	600.–

Mmz. S · G · H ·

1804	150.–	320.–	600.–
1805	120.–	230.–	420.–
1806	120.–	230.–	420.–

412 Ausbeutekonventionstaler

Vs.: FRID · AVGVST · D · G · DVX SAX · ELECTOR

Rs.: DER SEEGEN DES BERGBAVES
X · EINE MARK F.   Jahr   Mmz.

Rand: Laubrand

Dav. 851 – Buck 212 + 227 – T. 290

Varianten: 1803 auch und 1806 nur mit BERGBAUES;
1803 auch und 1806 nur mit MARK F:

Mmz. I · E · C ·

1800	380.–	800.–	2600.–
1801	320.–	800.–	2000.–
1802	320.–	800.–	2000.–
1803	320.–	800.–	2000.–
1804	320.–	800.–	2000.–

Mmz. S · G · H ·

1804	320.–	800.–	2000.–
1805	320.–	800.–	2000.–
1806	400.–	900.–	2600.–

Königreich

Friedrich August III. 1763 – 1827
(als König Friedrich August I. 1806 – 1827)

413 ⅔ **Taler**

     Vs.:   FRID · AVGVST · D · G · REX SAXONIÆ

     Rs.:   ZWANZIG EINE (Wertzahl) ⅔ FEINE MARK · Jahr Mmz.

     Rand: Laubrand

         AKS 32 – Jaeger 11 – Lorenz 31 + 32

Mmz. S·G·H·

1806	(83860)	150.–	320.–	480.–
1807	(100300)	130.–	300.–	450.–
1808	(228050)	130.–	300.–	450.–
1809	(219450)	130.–	300.–	450.–
1810	(219790)	130.–	300.–	450.–
1811	(214980)	130.–	300.–	450.–
1812	(114400)[*]	130.–	300.–	450.–

*) Zusammen mit dem Jahrgang 1812 mit Mmz. I. G. S.

Mmz. I·G·S·

1812	(114400) [1]	130.–	300.–	450.–
1813		130.–	300.–	450.–
1815		130.–	300.–	450.–
1816	(54990)	130.–	300.–	450.–
1817	(60387)	130.–	300.–	450.–

[1] Zusammen mit dem Jahrgang 1812 mit Mmz. S.G.H. Das Dresdner „Brakteaten-buch" weist auch für 1818 (62770), 1819 (54067) und 1820 (41982) 2/3 Taler aus, die offensichtlich mit den Stempeln vorangegangener Jahrgänge geprägt wurden.

414 ⅔ Taler

Vs.:   FRIEDR. AUGUST KOENIG V. SACHSEN

Rs.:   ZWANZIG EINE FEINE MARK   Jahr   (Wertzahl) ⅔
       Mmz. G. S.

Rand: GOTT SEGNE SACHSEN

AKS 33 – Jaeger 32 – Lorenz 34

1821	(Probe)			LP
1822	(22640)	400.–	700.–	1500.–

415 Konventionstaler („Königstaler")

Vs.: FRID · AVGVST · D · G · REX SAXONIÆ
Rs.: ZEHN · EINE FEINE MARK · 1806   Mmz. S·G·H·
Rand: Laubrand

Dav. 853 – Jaeger 1 – AKS 12 – T. 291

1806	*)	3200.–	6000.–	12000.–

*) Im Jahrgang 1807 des nachfolgenden Talers Nr. 416 enthalten

330

416 Konventionstaler

Vs.: FRID · AVGVST · D · G · REX SAXONIÆ
Rs.: ZEHN EINE FEINE MARK · Jahr   Mmz. S.G.H.
Rand: Laubrand

Dav. 854 – AKS 12 – Jaeger 12 – T. 292

1807	(660900)	100.–	200.–	350.–
1808	(1563910)	100.–	200.–	350.–
1809	(562910)	100.–	200.–	350.–
1810	(368060)	100.–	200.–	350.–
1811	(394820)	100.–	200.–	350.–
1812	(705270)	100.–	200.–	350.–
1813	(773310)*⁾	100.–	200.–	350.–

) Einschließlich Nr. 417

Jg. mit Napoleonrand angeben

1811 ?
1813

417 Konventionstaler

Vs.: FRID · AVGVST · D · G · REX SAXONIÆ
Rs.: ZEHN EINE FEINE MARK · Jahr   Mmz. I. G. S.
Rand: Laubrand

Dav. 854 – AKS 12 – Jaeger 22, 22F, 23 – T. 293

*Varianten: 1813 mit Stempelfehler ENIE FEINE MARK
(Jaeger 22F); 1816 auch mit vertiefter Randschrift GOTT
SEGNE SACHSEN auf dem Laubrand (Jaeger 23)*

1813	(773310)*)	110.–	220.–	400.–
1815	(510380)	140.–	270.–	580.–
1816	(481350)	110.–	220.–	400.–

*) Einschließlich Nr. 416

1817 im: UBS 55 (2002), Nr. 2863

Variante mit Stempelfehler ZEHN ENIE FEINE MARK

418 Ausbeutekonventionstaler

Vs.: FRID · AVGVST · D · G · REX SAXONIÆ
Rs.: DER SEEGEN DES BERGBAUES
ZEHN EINE FEINE MARK · Jahr Mmz. S. G. H.
Rand: Laubrand

Dav. 855 – AKS 13 – Jaeger 13 – T. 294

*Varianten: Leichte Veränderungen in der Zeichnung der
Rs. bei den einzelnen Jahrgängen*

1807	400.–	950.–	1500.–
1808	475.–	1100.–	1800.–
1809	400.–	950.–	1500.–
1810	475.–	1100.–	1800.–
1811	475.–	1100.–	1800.–
1812	475.–	1100.–	1800.–
1813	475.–	1100.–	1800.–

Prägezahlen in Nr. 416 enthalten

419: Jg. 1811 mit Stempelfehler FEENE, im: 27. Auktion Möller SACHSEN (18./19.9.2000), Nr. 1012

419 Ausbeutekonventionstaler

Vs.: FRID · AVGVST · D · G · REX SAXONIÆ
Rs.: DER SEEGEN DES BERGBAUES /
ZEHN EINE FEINE MARK · Jahr   Mmz.
Rand: Laubrand

L, 24

Dav. 856 – AKS 13 – Jaeger 14 – T. 295

Mmz. S.G.H.

1811	380.–	750.–	2000.–
1813	380.–	750.–	2000.–

Mmz. I.G.S.

1813	380.–	750.–	2000.–
1815	380.–	750.–	2000.–
1816	380.–	750.–	2000.–
1817	2800.–	5000.–	7500.–

Prägezahlen in Nr. 416 enthalten

auch

SGH

1817 mit „Napoleonrand", in 29. Leipzig Auktion (7./8.6.2002), Nr. 3000 = 3700,- Euro (fvz/vz

420 Prämientaler (Konventionstaler)

Vs.: FRIEDRICH AUGUST KOENIG VON SACHSEN
Signatur STAD:

Rs.: K. S. BERGAKADEMIE ZU FREIBERG 1815
DEM FLEISSE

Rand: GOTT SEGNE SACHSEN

Dav. 990 – AKS 54 – Jaeger 25 – T. 296

1815	(201)	3500.–	6500.–	9500.–

421 Konventionstaler („Schlafrocktaler")

Vs.: FRIEDR · AUGUST KOENIG VON SACHSEN

Rs.: ZEHN EINE FEINE MARK 1816   Mmz. I.G.S.

Rand: GOTT SEGNE SACHSEN

Dav. 856A – AKS 21 – Jaeger 26 – T. 297

1816	2500.–	3800.–	8000.–

422 Konventionstaler

Vs.: FRIEDRICH AUGUST KOENIG VON SACHSEN
Rs.: ZEHN EINE FEINE MARK   Jahr   Mmz. I.G.S.
Rand: GOTT SEGNE SACHSEN

Dav. 857 – AKS 22 – Jaeger 30 – T. 298

Variante: 1817 auch mit der Randschrift OTT SEGNE SACHSEN

1817	(405400)	120.–	300.–	600.–
1818	(in 1817 enthalten)	120.–	300.–	600.–
1819	(424480)	100.–	250.–	550.–
1820	(404010)	100.–	250.–	550.–
1821	(407670)	100.–	250.–	550.–

423   Ausbeutekonventionstaler

Vs.:   FRIEDRICH AUGUST KOENIG VON SACHSEN

Rs.:   DER SEGEN DES BERGBAUES /
ZEHN EINE FEINE MARK · Jahr   Mmz. I.G.S.

Rand: GOTT SEGNE SACHSEN

Dav. 858 – AKS 23 – Jaeger 31 – T. 299

*Varianten: Randschriften auch GOTT SEGNE SACHSAN
und GOTTO SEGNE SACHSAN (1820)*

1817	320.–	575.–	1200.–
1818	320.–	575.–	1200.–
1819	320.–	575.–	1200.–
1820	280.–	480.–	1000.–
1821	320.–	575.–	1200.–

424 Konventionstaler

Vs.: FRIEDR. AUGUST KOENIG V. SACHSEN
Rs.: ZEHN EINE FEINE MARK   Jahr   Mmz. I.G.S.
Rand: GOTT SEGNE SACHSEN

Dav. 859 – AKS 24 – Jaeger 33 – T. 300

1822	(611560)	130.–	370.–	600.–
1823	(511920)	130.–	370.–	600.–

Die Prägezahlen enthalten auch die des folgenden Ausbeutekonventionstalers Nr. 425.

425 Ausbeutekonventionstaler

Vs.: FRIEDR. AUGUST KOENIG V. SACHSEN
Rs.: DER SEGEN DES BERGBAUES
     ZEHN EINE FEINE MARK · Jahr   Mmz. I.G.S.
Rand: GOTT SEGNE SACHSEN

Dav. 860 – AKS 25 – Jaeger 34 – T. 301

1822	320.–	700.–	1250.–
1823	320.–	700.–	1250.–

Die Prägezahlen sind in denen des vorangegangenen Konventionstalers Nr. 424 mit enthalten.

426 Ausbeutekonventionstaler

Vs.: FRIEDR. AUGUST KOENIG V. SACHSEN
Rs.: DER SEGEN DES BERGBAUES
ZEHN EINE F. M. 1824 Mmz. G.S.
Rand: GOTT SEGNE SACHSEN

Dav. 862A – AKS 27 – Jaeger 35 – T. 302

1824	800.–	1700.–	2800.–

427 Konventionstaler

Vs.: FRIEDR. AUGUST KOENIG V. SACHSEN
Rs.: ZEHN EINE FEINE MARK   Jahr   Mmz. S
Rand: GOTT SEGNE SACHSEN

Dav. 861 – AKS 30 – Jaeger 41 – T. 303

1824	(545820)	130.–	380.–	600.–
1825	(545640)	110.–	350.–	550.–
1826	(545890)	110.–	350.–	550.–
1827	(422880)	130.–	380.–	600.–

In den Prägezahlen sind die des nachfolgenden Ausbeutekonventionstalers Nr. 428 mit enthalten.

428   Ausbeutekonventionstaler

Vs.:   FRIEDR. AUGUST KOENIG V. SACHSEN

Rs.:   DER SEGEN DES BERGBAUES
       ZEHN EINE FEINE MARK Jahr   Mmz. S

Rand: GOTT SEGNE SACHSEN

Dav. 862 – AKS 31 – Jaeger 42 – T. 304

1824	220.–	530.–	1000.–
1825	220.–	530.–	1000.–
1826	220.–	530.–	1000.–
1827	220.–	530.–	1000.–

*Die Prägezahlen sind in denen des vorangegangenen Konventionstalers Nr. 427 mit
enthalten.*

Probetaler – Abb. ↑ A. Hess Nachf. A. 196

429 Konventionstaler (Sterbetaler)

Vs.: FRIEDRICH AUGUST KOENIG VON SACHSEN
Rs.: VOLLENDET DEN 5 MAI 1827 / PSALM 91 V. 14_16
X E. F. M. Mmz. S
Rand: GOTT SEGNE SACHSEN

Dav. 863 – AKS 55 – Jaeger 44 – T. 305

1827	(13950)	220.–	350.–	620.–

430 Ausbeutekonventionstaler (Ausbeutesterbetaler)

Vs.: FRIEDRICH AUGUST KOENIG VON SACHSEN
Rs.: VOLLENDET DEN 5 MAI 1827 / PSALM 91 V. 14_16
X E. F. M. Mmz. S
Rand: SEGEN DES BERGBAUS

Dav. 864 – AKS 56 – Jaeger 45 – T. 306

1827	(4350)	250.–	500.–	950.–

Anton 1827 – 1836

431 ⅔ **Taler**

Vs.: ANTON V. G. G. KOENIG VON SACHSEN
Rs.: ZWANZIG EINE FEINE MARK Jahr (Wertzahl) ⅔ Mmz. S
Rand: GOTT SEGNE SACHSEN

AKS 69 – Jaeger 53 – Lorenz 76

1827	(10950)	400.–	650.–	900.–
1828	(12430)	400.–	650.–	900.–

432 ⅔ **Taler**

Vs.: ANTON V. G. G. KOENIG VON SACHSEN
Rs.: ZWANZIG EINE FEINE MARK 1829 (Wertzahl) ⅔ Mmz. S
Rand: GOTT SEGNE SACHSEN

AKS 70 – Jaeger 59 – Lorenz 77

1829	(12940)	450.–	700.–	1000.–

Lorenz erwähnt aus der Literatur (1838) auch den Jahrgang 1831.

433 Konventionstaler

Vs.: ANTON V. G. G. KOENIG VON SACHSEN
Rs.: ZEHN EINE FEINE MARK   Jahr Mmz. S
Rand: GOTT SEGNE SACHSEN

Dav. 865 – AKS 64 – Jaeger 54 – T. 307

1827	(106520)	140.–	450.–	1000.–
1828	(608830)	120.–	400.–	800.–

434 Ausbeutekonventionstaler

Vs.: ANTON V. G. G. KOENIG VON SACHSEN
Rs.: SEGEN DES BERGBAUS / X. EINE 1828 F. MARK   Mmz. S
Rand: GOTT SEGNE SACHSEN

Dav. 866 – AKS 65 – Jaeger 55 – T. 308

1828	(17800)	850.–	1750.–	4000.–

435 Konventionstaler

Vs.: ANTON V. G. G. KOENIG VON SACHSEN
Rs.: ZEHN EINE FEINE MARK Mmz.
Rand: GOTT SEGNE SACHSEN

Dav. 867 – AKS 66 – Jaeger 60 – T. 309 + 309 G

Mmz. S

1829	534000)	100.–	220.–	400.–
1830	(620170)	100.–	220.–	400.–
1831	(697330)	100.–	220.–	400.–
1832	(979370)	100.–	220.–	400.–

Mmz. G

1833	(189600)	100.–	220.–	400.–
1834	(486490)	100.–	220.–	400.–
1835	(457950)	100.–	220.–	400.–
1836	(585020)	100.–	220.–	400.–

436 Ausbeutekonventionstaler

Vs.: ANTON V. G. G. KOENIG VON SACHSEN
Rs.: SEGEN DES BERGBAUS / X. EINE (Jahr) F. MARK   Mmz.
Rand: GOTT SEGNE SACHSEN

Dav. 868 – AKS 67 – Jaeger 61 – T. 310 + 310 G

Mmz. S

1829	(18590)	430.–	1000.–	2000.–
1830	(18865)	500.–	1200.–	2700.–
1831	(18881)	430.–	1000.–	2000.–
1832	(12857)	430.–	1000.–	2000.–

Mmz. G

1833	(3000)	480.–	1200.–	2300.–
1834	(5500)	450.–	1000.–	2800.–
1835	(4980)	420.–	1000.–	2000.–
1836	(4830)	480.–	1200.–	2300.–

437 **Prämientaler (Konventionstaler)**
Vs.: ANTON V. G. G. KOENIG VON SACHSEN
Rs.: K. S. BERGAKADEMIE ZU FREIBERG 1829
DEM FLEISSE
Rand: GOTT SEGNE DEN BERGBAU

Dav. 991 – AKS 81 – Jaeger 62 – T. 311

1829	(200)	3200.–	6000.–	9000.–

438 **Prämientaler (Konventionstaler)**
Vs.: ANTON V. G. G. KOENIG VON SACHSEN
Rs.: K. S. FORSTINSTITUT ZU THARANT 1830
DEM FLEISSE UND GESITTETEN BETRAGEN
Rand: GOTT SEGNE SACHSEN

Dav. 992 – AKS 82 – Jaeger 64 – T. 312

1830	(25)	18000.–	40000.–

439 Prämientaler (Konventionstaler)

Vs.: ANTON V. G. G. KOENIG VON SACHSEN

Rs.: K. S. LANDWIRTSCHAFTL. LEHRANSTALT ZU
THARANT 1830 / DEM FLEISSE UND GESITTETEN
BETRAGEN

Rand: GOTT SEGNE SACHSEN

Dav. 993 – AKS 83 – Jaeger 63 – T. 313

1830	(25)	20000.–	40000.–

440 Konventionstaler (Verfassungstaler)

Vs.: ANTON KOENIG UND FRIEDRICH AUGUST
MITREGENT VON SACHSEN

Rs.: VEREINTEN SICH MIT DEN GETREUEN STAENDEN
ZU NEUER VERFASSUNG DES STAATES
AM 4 SEPTBR 1831   Mmz. S

Rand: ZEHN EINE FEINE MARK

Dav. 869 – AKS 84 – Jaeger 65 – T. 314

1831	(14400)	220.–	280.–	750.–

441   Konventionstaler (Sterbetaler)
Vs.:   ANTON KOENIG VON SACHSEN / † DEN 6 IUNI 1836
Rs.:   ZEHN EINE FEINE MARK   Mmz. G
Rand: GOTT SEGNE SACHSEN

Dav. 870 – AKS 85 – Jaeger 67 – T. 315

1836	(12480)	220.–	450.–	750.–

442   Ausbeutekonventionstaler (Ausbeutesterbetaler)
Vs.:   ANTON KOENIG VON SACHSEN / † DEN 6 IUNI 1836
Rs.:   ZEHN EINE FEINE MARK   Mmz. G
Rand: SEGEN DES BERGBAUS

Dav. 871 – AKS 86 – Jaeger 68 – T. 316

1836	(2500)	500.–	1200.–	2000.–

Friedrich August II. 1836 – 1854

443 Konventionstaler

Vs.: FRIEDRICH AUGUST V. G. G. KOENIG V. SACHSEN
Rs.: ZEHN EINE FEINE MARK   Jahr   Mmz. G
Rand: GOTT SEGNE SACHSEN

Dav. 872 – AKS 95 – Jaeger 72 – T. 317

1836	(33720)	420.–	900.–	2000.–
1837	(30640)	500.–	1000.–	2300.–

444 Ausbeutekonventionstaler

Vs.: FRIEDRICH AUGUST V. G. G. KOENIG VON SACHSEN
Rs.: SEGEN DES BERGBAUS / X. EINE 1836 F. MARK
      Mmz. G
Rand: GOTT SEGNE SACHSEN

Dav. 872B – AKS 96 – Jaeger 73 – T. 318

1836	(3260)	2800.–	5800.–	9000.–

445 Konventionstaler

Vs.: FRIEDRICH AUGUST V. G. G. KOENIG V. SACHSEN
Rs.: ZEHN EINE FEINE MARK   Jahr   Mmz. G
Rand: GOTT SEGNE SACHSEN

Dav. 872A – AKS 97 – Jaeger 74 – T. 319

1837	(93510)	170.–	480.–	950.–
1838	(138900)	150.–	450.–	850.–

446 Ausbeutekonventionstaler

Vs.: FRIEDRICH AUGUST V. G. G. KOENIG V. SACHSEN
Rs.: SEGEN DES BERGBAUS / X. EINE (Jahr) F. MARK
Mmz. G
Rand: GOTT SEGNE SACHSEN

Dav. 873 – AKS 98 – Jaeger 75 – T. 320

1837	(5770)	650.–	1500.–	2800.–
1838	(36400)	380.–	800.–	1400.–

447 Taler (Münzbesuchstaler)

Vs.: FRIEDRICH AUGUST V. G. G. KOENIG V. SACHSEN
       Mmz. G

Rs.: DEM PRINZEN ALBERT ERNST GEORG UND DER
       PRINZESSIN ELISABETH V. SACHS. BEI IHREM
       BESUCHE IN DER MÜNZE ZU DRESDEN IM IAHRE
       1839

Rand: GOTT SEGNE SACHSEN

Dav. 876 – AKS 113 – Jaeger 89 – T. 321

Mit Randschrift

1839		5000.–	12000.–	17000.–

Ohne Randschrift

1839	(4)		22000.–	30000.–

448 Taler

Vs.: FRIEDRICH AUGUST V. G. G. KOENIG V. SACHSEN Mmz.

Rs.: EIN THALER XIV EINE F. M.   Jahr

Rand: GOTT SEGNE SACHSEN

Dav. 875 – AKS 99 – Jaeger 76 – T. 325 + 325 F

Variante: 1844 mit Punkt nach G = sog. „Kummertaler"

Mmz. G

1839	(643250)	100.–	250.–	550.–
1840	(1405960)	100.–	250.–	550.–
1841	(2505180)	100.–	250.–	550.–
1842	(974460)	100.–	250.–	550.–
1843	(1250540)	100.–	250.–	550.–
1844	(1025600)	100.–	250.–	550.–

Mmz. F

1845	(973340)	100.–	250.–	550.–
1846	(860040)	100.–	250.–	550.–
1847	(677160)	100.–	250.–	550.–
1848	(1592470)	100.–	250.–	550.–
1849	(1367970)	100.–	250.–	550.–

449 Ausbeutetaler

Vs.: FRIEDRICH AUGUST V. G. G. KOENIG V. SACHSEN
Mmz.

Rs.: SEGEN DES BERGBAUS XIV EINE (Jahr) F. MARK

Rand: GOTT SEGNE SACHSEN

Dav. 877 – AKS 100 – Jaeger 77 – T. 326 + 326 F

Mmz. G

1841	(11300)	350.–	800.–	1600.–
1842	(16800)	350.–	800.–	1600.–
1843	(16580)	350.–	800.–	1600.–
1844	(11060)	350.–	800.–	1600.–

Mmz. F

1845	(18700)	280.–	650.–	1100.–
1846	(21760)	280.–	650.–	1100.–
1847	(40250)	280.–	600.–	950.–
1848	(20550)	280.–	650.–	1100.–
1849	(37600)	280.–	650.–	1100.–

450 Taler

Vs.: FRIEDRICH AUGUST V. G. G. KOENIG V. SACHSEN
Mmz. F

Rs.: EIN THALER XIV EINE F. M.   Jahr

Rand: GOTT SEGNE SACHSEN

Dav. 878 – AKS 101 – Jaeger 87 – T. 327

*Variante: 1854 auch mit fehlerhafter Randschrift GOTT
SEGNE S SACHSEN*

1850	(1074420)	110.–	280.–	550.–
1851	(1351460)	110.–	280.–	550.–
1852	(1105090)	110.–	280.–	550.–
1853	(1171380)	110.–	280.–	550.–
1854	(1074590)	110.–	280.–	550.–

451 Ausbeutetaler

Vs.: FRIEDRICH AUGUST V. G. G. KOENIG V. SACHSEN Mmz. F
Rs.: SEGEN DES BERGBAUS / XIV EINE (Jahr) F. MARK
Rand: GOTT SEGNE SACHSEN

Dav. 879 – AKS 102 – Jaeger 88 – T. 328

1850	(33800)	320.–	750.–	1200.–
1851	(33000)	300.–	600.–	1000.–
1852	(46500)	320.–	750.–	1200.–
1853	(54500)	300.–	600.–	1000.–
1854	(37000)	300.–	600.–	1000.–

452 Taler (Sterbetaler)

Vs.: FRIEDRICH AUGUST II. KOENIG VON SACHSEN
† D. 9. AUG. 1854
Rs.: ER SÆETE GERECHTIGKEIT UND ERNTETE LIEBE.
HOSEA X. 12.
Rand: XIV EINE FEINE MARK Mmz. F

Dav. 881 – AKS 117 – Jaeger 94 – T. 329

1854	(15680)	100.–	170.–	280.–

453 **Ausbeutetaler (Ausbeutesterbetaler)**

Vs.:   FRIEDRICH AUGUST II. KOENIG VON SACHSEN
           † 9. AUG. 1854

Rs.:   ER SÆETE GERECHTIGKEIT UND ERNTETE LIEBE.
           HOSEA X. 12.

Rand: SEGEN DES BERGBAUS XIV E.F.M.   Mmz. F.

Dav. 882 – AKS 118 – Jaeger 95 – T. 330

1854	(8820)	120.–	300.–	480.–

454 Doppeltaler

Vs.: FRIEDRICH AUGUST V. G. G. KOENIG V. SACHSEN
Mmz.

Rs.: 2 THALER VII EINE F. MARK 3 ½ GULDEN
VEREINS (Jahr) MÜNZE

Rand: GOTT SEGNE SACHSEN

Dav. 874 – AKS 94 – Jaeger 78 – T. 322 + 322 F

Mmz. G

1839	(20100)	350.–	750.–	1200.–
1840	(68200)	350.–	750.–	1200.–
1841	(39390)	350.–	750.–	1200.–
1842	(71310)	320.–	550.–	850.–
1843	(58710)	320.–	550.–	850.–

zu Nr. 454 Doppeltaler

Mmz. F

1847	(146960)	250.–	500.–	800.–
1848	(77870)	350.–	600.–	1100.–
1849	(15000)	350.–	600.–	1100.–
1850	(113080)	250.–	500.–	800.–
1851	(246340)	250.–	500.–	800.–
1852	(209230)	250.–	500.–	800.–
1853	(303110)	250.–	500.–	800.–
1854	(885820)	230.–	480.–	800.–

455 Prämiendoppeltaler

Vs.: FRIEDRICH AUGUST V. G. G. KOENIG V. SACHSEN
    Mmz. G

Rs.: K. S. BERGAKADEMIE ZU FREIBERG 1841
    DEM FLEISSE

Rand: GOTT SEGNE DEN BERGBAU

Dav. 994 – AKS 114 – Jaeger 90 – T. 323

| 1841 | (200) | 3200.– | 5500.– | 12000.– |

456 Prämiendoppeltaler

Vs.: FRIEDRICH AUGUST V. G. G. KOENIG V. SACHSEN   Mmz. F

Rs.: K. S. ACADEMIE FÜR FORST= UND LANDWIRTHE
    1847 / DEM FLEISSE UND GESITTETEN BETRAGEN

Rand: glatt

Dav. 995 – AKS 115 – Jaeger 91 – T. 324

| 1847 | (50) | 12000.– | 22000.– | 50000.– |

457 **Doppeltaler (Sterbedoppeltaler)**

Vs.: FRIEDRICH AUGUST II. KOENIG VON SACHSEN
† D. 9. AUG. 1854

Rs.: ER SÆETE GERECHTIGKEIT UND ERNTETE LIEBE.
HOSEA X. 12.

Rand: VII EINE FEINE MARK Mmz. F

Dav. 880 – AKS 116 – Jaeger 96 – T. 331

1854	(6140)	380.–	650.–	1000.–

Johann 1854 – 1873

458 **Taler**

Vs.: IOHANN V. G. G. KOENIG V. SACHSEN Mmz. F
Rs.: EIN THALER XIV EINE F. M. 1854
Rand: GOTT SEGNE SACHSEN

Dav. 883 – AKS 128 – Jaeger 97 – T. 332

1854	(524530)	170.–	380.–	900.–

459 Ausbeutetaler

Vs.: IOHANN V. G. G. KOENIG V. SACHSEN   Mmz. F
Rs.: SEGEN DES BERGBAUS / XIV EINE 1854 F. MARK
Rand: GOTT SEGNE SACHSEN

Dav. 884 – AKS 129 – Jaeger 98 – T. 333

| 1854 | (27000) | 350.– | 800.– | 1700.– |

460 Taler (Münzbesuchstaler)

Vs.: IOHANN V. G. G. KOENIG V. SACHSEN   Mmz. F
Rs.: EIN THALER XIV EINE F. M.
GEPRAEGT IN GEGENWART S. M. DES KOENIGS
DRESDEN D. 24. APRIL 1855
Rand: GOTT SEGNE SACHSEN

Dav. 885 – AKS 156 – Jaeger 99 – T. 334

| 1855 | (5250) | 170.– | 320.– | 750.– |
| | | | | PP: 2500.– |

461 Taler

Vs.: IOHANN V. G. G. KOENIG VON SACHSEN Mmz. F
Rs.: EIN THALER XIV EINE F. M. Jahr
Rand: GOTT SEGNE SACHSEN

Dav. 887 – AKS 130 – Jaeger 102 – T. 335

1855	(863460)	100.–	270.–	600.–
1856	(1089470)	100.–	270.–	600.–

462 Ausbeutetaler

Vs.: IOHANN V. G. G. KOENIG VON SACHSEN Mmz. F
Rs.: SEGEN DES BERGBAUS XIV EINE (Jahr) F. MARK
Rand: GOTT SEGNE SACHSEN

Dav. 888 – AKS 131 – Jaeger 103 – T. 336

1855	(56200)	300.–	700.–	1200.–
1856	(56000)	300.–	700.–	1200.–

463 Vereinstaler

Vs.: IOHANN V. G. G. KOENIG VON SACHSEN Mmz. F
Rs.: EIN VEREINSTHALER XXX EIN PFUND FEIN Jahr
Rand: GOTT SEGNE SACHSEN

Dav. 890 – AKS 132 – Jaeger 107 + 111 – T. 339

Varianten: 1857 Randschrift GOTT sEGNE sACHsEN;
1858 Rückseite einige Hermelinschwänzchen weniger;
1858 und 1859 Rückseite mit gewölbtem Wappenschild
(Jaeger 111)

1857	(969370)	90.–	250.–	650.–
1858	(1626140)	90.–	250.–	650.–
1859	(2490330)	90.–	250.–	650.–

Variante mit weniger Hermelinschwänzchen

464 Ausbeutevereinstaler

Vs.: IOHANN V. G. G. KOENIG VON SACHSEN Mmz. F
Rs.: SEGEN DES BERGBAUS XXX EIN (Jahr) PFUND F.
Rand: GOTT SEGNE SACHSEN

Dav. 891 – AKS 133 – Jaeger 108 – T. 340

Varianten: 1857 Randschrift GOTT sEGNE sACHsEN;
1858 auch mit GOIT in der Randschrift

1857	(35000)	250.–	750.–	1700.–
1858	(34000)	250.–	750.–	1700.–

465 Ausbeutevereinstaler

Vs.: IOHANN V. G. G. KOENIG VON SACHSEN   Mmz.

Rs.: SEGEN DES BERGBAUS EIN THALER (Jahr) XXX EIN PFD. F.

Rand: GOTT SEGNE SACHSEN

Dav. 892 – AKS 134 – Jaeger 115 – T. 342 + 342 B

Mmz. F

1858	(61000)	150.–	320.–	750.–
1859	(94000)	150.–	320.–	750.–

Mmz. B

1860	(297570)	80.–	200.–	500.–
1861	(16000)[*]	110.–	350.–	650.–

*) In der Prägezahl ist die Nr. 466 mit enthalten.

466 Ausbeutevereinstaler

Vs.: IOHANN V. G. G. KOENIG VON SACHSEN   Mmz. B
Rs.: SEGEN DES BERGBAUS / EIN THALER 1861 XXX EIN PFD. F.
Rand: GOTT SEGNE SACHSEN
Dav. 892 – Jaeger 116 – T. 343
Umschrift mit kleineren Buchstaben

1861	400.–	1200.–	2500.–

Prägezahl im Jahrgang 1861 der Nr. 465 mit enthalten.

467 Vereinstaler

Vs.: IOHANN V. G. G. KOENIG VON SACHSEN   Mmz. B
Rs.: EIN VEREINSTHALER XXX EIN PFUND FEIN
auf dem Ordensband: PROVIDENTIAE MEMOR
Rand: GOTT SEGNE SACHSEN
Dav. 893 – AKS 136 – Jaeger 117 – T. 344
Variante: 1860 auch mit der Randschrift GOTT SEGNE BAYERN

1860	(2669120)	80.–	180.–	450.–
1861	(1408520)*)	80.–	180.–	450.–

*) In der Prägezahl sind die Nr. 468 und 469 mit enthalten.

468 Vereinstaler

Vs.: IOHANN V. G. G. KOENIG VON SACHSEN   Mmz. B

Rs.: EIN VEREINSTHALER XXX EIN PFUND FEIN 1861
auf dem Ordensband: PROVIDENTIAE MEMOR

Rand: GOTT SEGNE SACHSEN

Jaeger 118 – T. 345

*Die Leiste unter dem Wappen ist im Unterschied zum
vorangegangenen Taler Nr. 467 durchbrochen.*

| 1861 | 100.– | 250.– | 600.– |

Prägezahl im Jahrgang 1861 der Nr. 467 mit enthalten.

469 Vereinstaler

Vs.: IOHANN V. G. G. KOENIG VON SACHSEN   Mmz. B

Rs.: EIN VEREINSTHALER XXX EIN PFUND FEIN 1861
auf dem Ordensband PROVIDENTIAE MEMOR

Rand: GOTT SEGNE SACHSEN

Dav. 893 – Jaeger 119 – T. 346

*Im Unterschied zum vorangegangenen Taler Nr. 468 sind
die Buchstaben der Vs.-Umschrift größer*

| 1861 | 220.– | 450.– | 1000.– |

Prägezahl im Jahrgang 1861 der Nr. 467 mit enthalten.

470 Vereinstaler

Vs.: IOHANN V. G. G. KOENIG VON SACHSEN   Mmz. B

Rs.: EIN VEREINSTHALER XXX EIN PFUND FEIN   Jahr
auf dem Ordensband PROVIDENTIAE MEMOR

Rand: GOTT SEGNE SACHSEN

Dav. 895 – AKS 137 – Jaeger 126 – T. 348

*Varianten: 1863 – 1867 auch ohne Querstrich im A von
THALER; 1867 auch mit Stempelfehler VERRINSTHALER
(Jaeger 126F)*

1861	(1070370)	90.–	180.–	380.–
1862	(2134470)	90.–	180.–	380.–
1863	(1471370)	90.–	180.–	380.–
1864	(1904410)	90.–	180.–	380.–
1865	(1334620)	90.–	180.–	380.–
1866	(1181260)	90.–	180.–	380.–
1867	(2020470)	90.–	180.–	380.–
1868	(1683060)	90.–	180.–	380.–
1869	(1622150)	90.–	180.–	380.–
1870	(1693110)	90.–	180.–	380.–
1871	(1687280)	90.–	180.–	380.–

Variante mit Stempelfehler VERRINSTHALER

471 Ausbeutevereinstaler

Vs.: IOHANN V. G. G. KOENIG VON SACHSEN   Mmz. B
Rs.: SEGEN DES BERGBAUES
EIN THALER (Jahr) XXX EIN PF. F.
Rand: GOTT SEGNE SACHSEN

Dav. 896 – AKS 135 – Jaeger 127 – T. 349

1861	(130000)	90.–	180.–	380.–
1862	(145000)	90.–	180.–	380.–
1863	(135000)	90.–	180.–	380.–
1864	(120000)	90.–	180.–	380.–
1865	(221000)	90.–	180.–	380.–
1866	(185000)	90.–	180.–	380.–
1867	(175000)	90.–	180.–	380.–

472 Ausbeutevereinstaler

Vs.: IOHANN V. G. G. KOENIG VON SACHSEN   Mmz. B
Rs.: SEGEN DES BERGBAUES
EIN THALER (Jahr) XXX EIN PF. F.
Rand: GOTT SEGNE SACHSEN

Dav. 897 – Jaeger 128 – T. 350

*Im Unterschied zum vorangegangenen Ausbeutetaler sind
die Buchstaben der Vs.-Umschrift kleiner.*

1868	(181000)	90.–	180.–	380.–
1869	(190000)	90.–	180.–	380.–
1870	(235700)	90.–	180.–	380.–
1871	(203000)	90.–	180.–	380.–

473 Vereinstaler (Siegestaler)

Vs.: IOHANN V. G. G. KOENIG VON SACHSEN   Mmz. B
Rs.: EIN THALER XXX EIN PF. F. 1871
Rand: GOTT SEGNE SACHSEN

Dav. 898 – AKS 159 – Jaeger 132 – T. 351

1871	(44840)	100.–	200.–	320.–

474 **Doppeltaler**

Vs.: IOHANN V. G. G. KOENIG VON SACHSEN Mmz. F

Rs.: 2 THALER VII EINE F. MAKR 3 ½ GULDEN
VEREINS (Jahr) MÜNZE

Rand: GOTT SEGNE SACHSEN

Dav. 886 – AKS 125 – Jaeger 104 – T. 337

1855	(462130)	220.–	350.–	700.–
1856	(90780)	220.–	380.–	750.–

475 Vereinsdoppeltaler

Vs.: IOHANN V. G. G. KOENIG VON SACHSEN Mmz. F
Rs.: ZWEI VEREINSTHALER XV EIN PFUND FEIN Jahr
Rand: GOTT SEGNE SACHSEN

Dav. 889 – AKS 126 – Jaeger 109, 110, 112 – T. 338

*Varianten: 1858 Rückseite einige Hermelinschwänzchen
weniger; 1858 Stempelfehler ZWEI VEREINSTHAELR
(nicht selten; Jaeger 110); 1858 und 1859 Rückseite mit
gewölbtem Wappenschild (Jaeger 112)*

1857	(350590)	220.–	400.–	750.–
1858	(454240)	220.–	400.–	750.–
1859	(322600)	220.–	400.–	750.–

Variante mit Stempelfehler ZWEI VEREINSTHAELR

476 Prämiendoppeltaler (Vereinsdoppeltaler)

Vs.: IOHANN V. G. G. KOENIG VON SACHSEN   Mmz.

Rs.: K. S. BERGAKADEMIE ZU FREIBERG 1857
DEM FLEISSE

Rand: GOTT SEGNE DEN BERGBAU

Dav. 996 – AKS 157 – Jaeger 105 + 106 – T. 341 + 341 B

Mmz. F

1857	(100)	2700.–	4800.–	8500.–

Mmz. B

1857	(206)	2200.–	4000.–	7200.–

477 Vereinsdoppeltaler

Vs.: IOHANN V. G. G. KOENIG VON SACHSEN   Mmz. B
Rs.: ZWEI VEREINSTHALER XV EIN PFUND FEIN 1861
auf dem Ordensband PROVIDENTIAE MEMOR
Rand: GOTT SEGNE SACHSEN

Dav. 894 – AKS 127 – Jaeger 120 – T. 347

| 1861 | (729900) | 250.– | 400.– | 900.– |

478 Vereinsdoppeltaler (100-Jahrfeier der Bergakademie zu Freiberg)

Vs.: JOHANN V. G. G. KOENIG V. SACHSEN
XAVER HERZOG Z. SACHSEN ADMINIST.
am Armabschnitt Signatur A. ST.

Rs.: ZUR EINHUNDERTJÄHRIGEN JUBELFEIER D.
BERGACADEMIE FREIBERG / ZWEI VEREINSTHALER
XV EIN PFUND F. / MDCCCLXVI (= 1866)

Rand: GOTT SEGNE SACHSEN sowie Schlägel und Eisen

AKS 158a

1866	(3?)	LP

Dieser Doppeltaler wurde in der 2. Auktion (10.10.1990) der Heidelberger Münzhandlung Herbert Grün unter der Nr. 1586 angeboten und für DM 130 000.– zugeschlagen.

479 **Vereinsdoppeltaler (Goldene Hochzeit des Königspaars)**

Vs.:   IOHANN KOENIG AMALIE KOENIGIN V. SACHSEN

Rs.:   1822 10. NOVEMBER 1872   Mmz. B

Rand: XV EIN PFUND FEIN

Dav. 899 – AKS 160 – Jaeger 133 – T. 352

| 1872 | (48580) | 170.– | 280.– | 400.– |

Exemplare mit glatten Rand (32 Ex.) sind Proben

Herzogtum Sachsen-Altenburg

Münzstätten: Dresden

Münzmeister:
G   Johann Georg Grohmann   1833 – 1844
F   Gustav Theodor Fischer   1845 – 1860
B   Gustav Julius Buschick   1860 – 1887

Joseph 1834 – 1848

480   Taler
Vs.:   IOSEPH HERZOG ZU SACHSEN ALTENBURG   Mmz. G
Rs.:   EIN THALER XIV EINE F. M. 1841
Rand: GOTT SEGNE SACHSEN

Dav. 812 – AKS 49 – Jaeger 107 – T. 354

1841	(20000)	200.–	1000.–	2300.–

481 Doppeltaler

Vs.: IOSEPH HERZOG ZU SACHSEN ALTENBURG   Mmz.

Rs.: 2 THALER VII EINE F. MARK 3 ½ GULDEN
VEREINS (Jahr) MÜNZE

Rand: GOTT SEGNE SACHSEN

Dav. 811 – AKS 48 – Jaeger 108 – T. 353 + 353 F

Mmz. G

1841	(9400)	900.–	1700.–	3500.–
1842	(4700)	1100.–	2300.–	4200.–
1843	(4700)	1000.–	2000.–	4000.–

Mmz. F

1847	(9400)	1100.–	1900.–	4200.–

Georg 1848 - 1853

482 Doppeltaler

Vs.: GEORG HERZOG ZU SACHSEN ALTENBURG   Mmz. F

Rs.: 2 THALER VII EINE F. MARK 3 ½ GULDEN
VEREINS 1852 MÜNZE

Rand: GOTT SEGNE SACHSEN

Dav. 813 – AKS 58 – Jaeger 112 – T. 355

1852	(9400)	1000.–	1700.–	4000.–

Ernst 1853 – 1908

483 Vereinstaler

Vs.: ERNST HERZOG VON SACHSEN ALTENBURG   Mmz.
Rs.: EIN VEREINSTHALER XXX EIN PFUND FEIN 1858
Rand: GOTT SEGNE SACHSEN

Dav. 814 – AKS 61 – Jaeger 113 – T. 356 + 356 B

Mmz. F

1858	(31870)	150.–	330.–	650.–

Mmz. B

1864	(22200)	150.–	300.–	600.–
1869	(22700)	150.–	300.–	600.–

Herzogtümer Sachsen-Coburg und Gotha

Münzstätten: Gotha   1828 – 1838
                      Dresden   1826/27, 1841 – 1872

Münzmeister in Gotha:
E.K.   Ernst Kleinsteuber   1828 – 1832

Münzmeister in Dresden:
G   Johann Georg Grohmann   1841 – 1844
F   Gustav Theodor Fischer   1845 – 1860
B   Gustav Julius Buschick   1860 – 1887

Medailleur:
H. F.
HELFRICHT   Ferdinand Helfricht, Gotha

Ernst I. 1826 – 1844

484 ½ **Konventionstaler**

Vs.: ERNST HERZOG Z. S. COBURG U. GOTHA F. Z. LICHTENB.

Rs.: ZWANZIG EINE FEINE MARK   Mmz.   Jahr

Rand: Riffelrand

AKS 74 – Jaeger 254

Variante: 1834 mit Signatur H. F.

Mmz. E. K.

| 1830 | 350.– | 700.– | 1400.– |

ohne Mmz.

1831	350.–	700.–	1400.–
1832	600.–	1200.–	1900.–
1834	600.–	1400.–	2200.–

485 **½ Konventionstaler**

Vs.: ERNST HERZOG ZU SACHSEN COBURG GOTHA
am Halsabschnitt Signatur H. F.

Rs.: ZWANZIG EINE FEINE MARK 1835

Rand: Riffelrand

AKS 74 Anm. – Jaeger 262

1835		700.–	1500.–	3000.–

486 **Kronentaler**

Vs.: ERNST HERZOG Z. S. COBURG U. GOTHA F. Z.
LICHTENB.

Rs.: 1827

Rand: glatt

Dav. 817 – AKS 71 – Jaeger 250 – T. 357

1827		1700.–	2500.–	4800.–

Zusammen mit der Nr. 502 wurden in Dresden 2002 Stück geprägt.

487   Konventionstaler

Vs.:   ERNST HERZOG Z. S. COBURG U. GOTHA F. Z. LICHTENB.

Rs.:   ZEHN EINE MARK FEIN   1828

Rand: Doppellinie erhabener Punkte

AKS 72 – Jaeger 251 – T. 358

1828	(31)			LP

In der Auktion 19 (21.4.1997) der Heidelberger Münzhandlung Herbert Grün in „vz–Stgl."
für 76 500.– DM zugeschlagen.

488   Konventionstaler

Vs.:   ERNST HERZOG Z. S. COBURG U. GOTHA F. Z.
       LICHTENB.

Rs.:   ZEHN EINE MARK FEIN   Mmz. E. 1829 K.

Rand: Doppellinie erhabener Punkte; auch mit glattem Rand

Dav. 818 – AKS 72 – Jaeger 251 – T. 359

Variante: Die Doppellinie wird von zwei Punktreihen mit
unterschiedlichen Punktdurchmessern gebildet.

1829	(1095)	1800.–	3300.–	5500.–

Mit glattem Rand, Emporium 47. A, Nr. 3242, vz+
= 2050,- €

489 Konventionstaler

Vs.: ERNST HERZOG Z. S. COBURG U. GOTHA F. Z.
LICHTENB.

Rs.: ZEHN EINE MARK FEIN   Jahr

Rand: EIN CONVENTIONSTHALER

AKS 72 – Jaeger 255 – T. 360

1832	30000.–	50000.–
1833	30000.–	50000.–

Für beide Jahrgänge zusammen beträgt die Prägezahl 304 Stück.

490 Konventionstaler

Vs.: ERNST HERZOG ZU SACHSEN COBURG-GOTHA

Rs.: ZEHN EINE MARK FEIN 1835

Rand: EIN CONVENTIONSTHALER

AKS 72 – Jaeger 263 – T. 361

140. Künker (6/2008)
Nr. 2780, vz+
6500.–

1835	4500.–	12000.–	18000.–

Jaeger/Grasser vermuten eine Prägezahl von 200 bis 300 Stück.

491 Taler

Vs.: ERNST HERZOG ZU SACHSEN COBURG-GOTHA
Mmz. G

Rs.: EIN THALER XIV EINE F. M.   Jahr

Rand: NACH DER CONVENTION VOM 30 JULY 1838

Dav. 820 – AKS 73 – Jaeger 272 – T. 363

*Variante: Geringe Veränderung der Kopfzeichnung beim
Jahrgang 1842*

1841	(16000)	270.–	850.–	2800.–
1842	(16000)	270.–	850.–	2800.–

*Der Jahrgang 1842 erzielte als Erstabschlag in der Auktion 19 (21.4.1997) der
Heidelberger Münzhandlung Herbert Grün einen Zuschlag von 4250.– DM und in der
Auktion 23 (7./8.9.1998) der Münzenhandlung Harald Möller GmbH einen Zuschlag
von 5250.– DM.*

492 Doppeltaler

Vs.: ERNST HERZOG ZU SACHSEN COBURG-GOTHA Mmz. G
Rs.: 2 THALER VII EINE F. MARK 3 ½ GULDEN
VEREINS (Jahr) MÜNZE
Rand: NACH DER CONVENTION VOM 30 JULY 1838

Dav. 819 – AKS 70 – Jaeger 273 – T. 362

1841	(10700)	1250.–	2800.–	5500.–
1842	(5350)	1400.–	3000.–	5500.–
1843	(5350)	1400.–	3000.–	5500.–

Ernst II. 1844 – 1893

493 Taler

Vs.: ERNST HERZOG ZU SACHSEN COBURG-GOTHA   Mmz. F
Rs.: EIN THALER XIV EINE F. M. 1846
Rand: NACH DER CONVENTION VOM 30 JULY 1838

Dav. 821 – AKS 100 – Jaeger 282 – T. 364

1846	(32000)	250.–	1200.–	3000.–

494 Taler

Vs.: ERNST HERZOG ZU SACHSEN COBURG-GOTHA
     Mmz. F
Rs.: EIN THALER XIV EINE F. M. 1848
Rand: NACH DER CONVENTION VOM 30 JULY 1838

Dav. 823 – AKS 101 – Jaeger 285 – T. 366

1848	(16000)	300.–	1000.–	2800.–

495 Taler

Vs.: ERNST HERZOG ZU SACHSEN COBURG-GOTHA
Mmz. F

Rs.: EIN THALER XIV EINE F. M.   Jahr

Rand: NACH DER CONVENTION VOM 30 JULY 1838

Dav. 825 – AKS 102 – Jaeger 287 – T. 367

1851	300.–	850.–	2800.–
1852	300.–	850.-	2800.–

Von 1851 und 1852 wurden in Dresden zusammen 16000 Stück geprägt.

496 Vereinstaler

Vs.: ERNST HERZOG V. SACHSEN COBURG U. GOTHA Mmz. B

Rs.: EIN VEREINSTHALER XXX EIN PFUND FEIN   Jahr

Rand: FIDELITER ET CONSTANTER

Dav. 826 – AKS 103 – Jaeger 296 – T. 369

Variante: Veränderte Stellung des Mmz. B zum Hals-
abschnitt bei den Jahrgängen 1864 und 1870

1862	(40000)	230.–	500.–	1200.–
1864	(40000)	230.–	500.–	1200.–
1870	(21500)	230.–	550.–	1200.–

497 Vereinstaler (auf das 25jährige Regierungsjubiläum)

Vs.: ERNST HERZOG V. SACHSEN COBURG U. GOTHA
Mmz. B

Rs.: EIN VEREINSTHALER XXX EIN PFUND FEIN /
DEN 29 IANUAR 1869

Rand: FIDELITER ET CONSTANTER

Dav. 827 – AKS 117 – Jaeger 298 – T. 370

*Varianten: Auch ohne Randschrift oder mit GOTT SEGNE
SACHSEN*

1869	(6000)	160.–	300.–	600.–

498 Doppeltaler

Vs.: ERNST HERZOG ZU SACHSEN COBURG-GOTHA
Mmz. F

Rs.: 2 THALER VII EINE F. MARK 3 ½ GULDEN
VEREINS 1847 MÜNZE

Rand: NACH DER CONVENTION VOM 30 JULY 1838

Dav. 822 – AKS 98 – Jaeger 283 – T. 365

1847	(10700)	1500.–	3300.–	9500.–

499 Doppeltaler

Vs.: ERNST HERZOG ZU SACHSEN COBURG-GOTHA
Mmz. F am Halsabschnitt Signatur HELFRICHT

Rs.: 2 THALER VII EINE F. MARK 3 ½ GULDEN
VEREINS 1854 MÜNZE

Rand: NACH DER CONVENTION VOM 30 JULY 1838

Dav. 824 – AKS 99 – Jaeger 288 – T. 368

1854	(16050)	1000.–	2500.–	5500.–

Herzogtum Sachsen-Coburg-Saalfeld

Münzstätte: Saalfeld

Münzmeister:
L   Georg Christoph Loewel

Franz Friedrich Anton 1800 – 1806

500   Konventionstaler

Vs.:   FRANZ HERZOG ZU SACHSEN COB · SAALFELD
1805 ·

Rs.:   X EINE FEINE MARK   Mmz. L

Rand: Laubrand

Dav. 831 – Jaeger 213 – T. 371

| 1805 | (ca. 600) | 1200.– | 3000.– | 5500.– |

501 Konventionstaler

Vs.: ERNST HERZOG ZU SACHSEN COBURG UND
SAALFELD · 1817

Rs.: FÜR GOTT UND VATERLAND / ZEHN EINE FEINE MARK

Rand: Laubrand (selten) oder EIN SPECIES THALER (Jaeger
233)

Dav. 832 – AKS 126 – Jaeger 232 + 233 – T. 372

1817	(2083)	650.–	1600.–	2800.–

502 Kronentaler

Vs.: ERNST HERZOG Z. S. COBURG SAALF. F. Z. LICH-
TENB.

Rs.: 1825

Rand: EIN KRONENTHALER

Dav. 833 – AKS 127 – Jaeger 238 – T. 373

1825	6000.–	16000.–	28000.–

Zusammen mit der Nr. 486 wurden in Dresden 2002 Stück geprägt.

Herzogtum Sachsen-Meiningen

Münzstätten:	Saalfeld	bis 1846
	München	ab 1854

Münzmeister in Saalfeld:
L	Georg Christoph Loewel	1803 – 1835

Medailleure:
VOIGT	Carl Friedrich Voigt, München
HELFRICHT F.	Ferdinand Helfricht, Gotha

Bernhard II. Erich Freund 1803 – 1866

503 Konventionstaler (auf den Tod von Herzog Georg)

Vs.: LOUISE ELEONORE HERZ · Z · S · C · MEIN · GEB ·
FÜRST · Z · HOHENL ·

Rs.: GEORG HERZOG ZU SACHSEN COBURG MEININGEN
X EINE (Mmz. L) F · MARK

Rand: Laubrand

Dav. 2734 – AKS 167a – Jaeger 401 – T. 374

o. J. (1812)	(120)	1800.–	4000.–	6800.–

504 ½ **Ausbeutekonventionstaler**

Vs.: BERNHARD ERICH FREUND HERZOG ZU SACHSEN
MEININGEN ETC.

Rs.: ZWANZIG EINE FEINE MARK FEINSILBER / SEGEN
DES SAALFELDER BERGBAUES 1829

Rand: Riffelrand

AKS 185 – Jaeger 419

1829	(1000)	320.–	550.–	850.–

505 **Vereinstaler**

Vs.: BERNHARD HERZOG ZU SACHSEN MEININGEN
Signatur HELFRICHT F.

Rs.: EIN VEREINSTHALER XXX EIN PFUND FEIN Jahr

Rand: FIDELITER ET CONSTANTER

Dav. 838 – AKS 184 – Jaeger 450 – T. 379

1859	(39860)	150.–	350.–	750.–
1860	(40350)	150.–	350.–	750.–
1861	(40350)	150.–	350.–	750.–
1862	(40350)	150.–	350.–	750.–
1863	(40350)	150.–	350.–	750.–
1866	(40350)	150.–	350.–	750.–

506 Doppelgulden

Vs.: BERNHARD HERZOG ZU SACHSEN MEININGEN
      Signatur HELFRICHT
Rs.: ZWEY GULDEN 1854
Rand: Vertiefte Vierecke

Dav. 837 – AKS 183 – Jaeger 445 – T. 378

1854	(166900)	200.–	400.–	800.–

507 Doppeltaler

Vs.: BERNHARD HERZOG ZU SACHSEN MEININGEN
      Signatur VOIGT
Rs.: VEREINSMÜNZE VII EINE F. MARK / 3 ½ GULDEN
      2 THALER 1841
Rand: CONVENTION VOM 30 JULY 1838

Dav. 834 – AKS 180 – Jaeger 435 – T. 375

1841	(11760)	1400.–	2400.–	4400.–

508 Doppeltaler

Vs.: BERNHARD HERZOG ZU SACHSEN MEININGEN
Signatur VOIGT

Rs.: 3 ½ GULDEN VII EINE F. MARK 2 THALER
VEREINS (Jahr) MÜNZE

Rand: CONVENTION VOM 30 JULY 1838

Dav. 835 – AKS 181 – Jaeger 439 – T. 376

1843	(10890)	1000.–	1900.–	3800.–
1846	(14850)	1000.–	1900.–	3800.–

509 Doppeltaler

Vs.: BERNHARD HERZOG ZU SACHSEN MEININGEN
      Signatur HELFRICHT

Rs.: 3 ½ GULDEN VII EINE F. MARK 2 THALER
      VEREINS (Jahr) MÜNZE

Rand: CONVENTION VOM 30 JULY 1838

Dav. 836 – AKS 182 – Jaeger 446 – T. 377

1853	(20990)	1000.–	1900.–	3800.–
1854		1000.–	1900.–	3800.–

Georg II. 1866 – 1914

510 Vereinstaler

Vs.: GEORG HERZOG ZU SACHSEN MEININGEN
Signatur HELFRICHT
Rs.: EIN VEREINSTHALER XXX EIN PFUND FEIN 1867
Rand: FIDELITER ET CONSTANTER

Dav. 839 – AKS 219 – Jaeger 451 – T. 380

| 1867 | (6640) | 300.– | 900.– | 2000.– |

Großherzogtum Sachsen-Weimar-Eisenach

Herzogtum   bis 1815
Großherzogtum   ab 1815

Münzstätten: Eisenach
                    Berlin Mzz. A 1840 – 1915

Münzmeister in Eisenach:
LS, J. L. ST., L. S.
oder ST   Johann Leonhard Stockmar   1790 – 1835

Herzogtum

Carl August 1775 – 1828

511   ½ **Konventionstaler**
     Vs.:   CARL AUGUST H. Z. S. WEIMAR U. EISENACH.
           Mmz. L. S.
     Rs.:   XX EINE FEINE MARK 1813.
     Rand: Laubrand

       AKS 3 – Jaeger 514

1813	230.–	450.–	650.–

512 Konventionstaler

Vs.: CARL AUGUST. H. Z. S. WEIMAR U. EISENACH. Mmz. LS

Rs.: X EINE FEINE MARK 1813

Rand: Laubrand

Dav. 842 – AKS 1 – Jaeger 515a + b – T. 381

Variante: Veränderte Form des Laubrands

1813		750.–	1300.–	3000.–

Großherzogtum

Carl August 1775 – 1828

513 Konventionstaler

Vs.: GROSHERZOGTHUM SACHSEN / 10 EINE FEINE MARK
Rs.: DEM VATERLANDE 1815
Rand: Laubrand

Dav. 843 – AKS 2 – Jaeger 518a+b – T. 382

Variante: Kettenrand aus ovalen, von runden Perlen eingefaßten „Kettengliedern" (Jaeger 518b); Abweichungen am Eichenkranz der Rs.

| 1815 | (5270) | 1000.– | 2000.– | 4000.– |

Carl Friedrich 1828 – 1853

514   Taler

Vs.:   CARL FRIEDRICH GROSSHERZOG Z. SACHSEN W. E.
        Mzz. A

Rs.:   EIN THALER XIV EINE F. M. 1841

Rand: GOTT UND RECHT

Dav. 845 – AKS 21 – Jaeger 531 – T. 384

| 1841 | (203000) | 170.– | 550.– | 1400.– |

515 Doppeltaler

Vs.: CARL FRIEDR. GROSSHERZOG ZU SACHSEN WEIM.
EIS. Mzz. A

Rs.: 2 THALER VII EINE F. MARK 3 ½ GULDEN
VEREINS (Jahr) MÜNZE

Rand: GOTT UND RECHT

Dav. 844 – AKS 20 – Jaeger 532 – T. 383

1840	(19000)	700.–	1500.–	2600.–
1842 ⎫	(38000)	700.–	1500.–	2600.–
1843 ⎭		1200.–	2500.–	4500.–
1848	(19000)	700.–	1500.–	2600.–

Carl Alexander 1853 – 1901

516 Vereinstaler

Vs.: CARL ALEXANDER GROSSHERZOG VON SACHSEN
Mzz. A

Rs.: EIN VEREINSTHALER XXX EIN PFUND FEIN Jahr

Rand: GOTT UND RECHT

Dav. 847 – AKS 33 – Jaeger 535 – T. 386

1858	(63000)	170.–	360.–	750.–
1866	(44000)	170.–	360.–	750.–
1870	(45000)	170.–	360.–	750.–

517 Doppeltaler

Vs.: CARL ALEXANDER GROSSHERZOG VON SACHSEN
Mzz. A

Rs.: 2 THALER VII EINE F. MARK 3 ½ GULDEN
VEREINS 1855 MÜNZE

Rand: GOTT UND RECHT

Dav. 846 – AKS 32 – Jaeger 536 – T. 385

1855	(19000)	950.–	2000.–	3800.–

Erzbistum Salzburg

Münzstätte: Salzburg

Medailleur:
M Franz Matzenkopf

Hieronymus von Colloredo 1772 – 1803

518 ½ **Konventionstaler**

Vs.: HIERONYMUS D · G · A · & · P · S · A · S · L · N · C ·
PRIM. Signatur M

Rs.: 1802, keine weitere Umschrift

Rand: Laubrand

Probszt 2469

| 1802 | 170.– | 320.– | 650.– |

519 Konventionstaler

Vs.: HIERONYMUS D. G. A. &. P. S. A. S. L. N. C. PRIM.
Signatur M

Rs.: Jahr, keine weitere Umschrift

Rand: Laubrand

Dav. 1265 + 42 – Probszt 2454 – 2457

1800	180.–	350.–	750.–
1801	180.–	350.–	750.–
1802	180.–	350.–	750.–
1803	6000.–	14000.–	30000.–

Kurfürstentum Salzburg

Münzstätte: Salzburg

Medailleur:
M   Franz Matzenkopf

Ferdinand von Habsburg-Toskana 1803 – 1806

520 **Konventionstaler**

Vs.:   FERD · HV · ET BO · REG · PR · A · A · S · R · I · PR · EL ·
       SALISB ·

Rs.:   PRINC · AICHST · PASSAV · ET BERCHTOLDSGAD ·
       1803 ·

Rand: LEX TVA VERITAS

Dav. 43 – Probszt 2606

1803	350.–	750.–	1200.–

521 Konventionstaler

Vs.: FERD · D · G · H · ET B · REG · PR · A · A · S · R · I · PR · EL · SALISB · Signatur M

Rs.: PRINC · AICHST · PASSAV · ET BERCHTOLDSGAD · 1805 ·

Rand: LEX TVA VERITAS

Dav. 44 – Probszt 2607

1805	400.–	600.–	1000.–

522 Konventionstaler

Vs.: FERD · D · G · H · ET B · REG · PR · A · A · S · R · I · PR · EL · SALISB · Signatur M

Rs.: PRINC · AICHST · PAS · ET BER · S · R · I · P · ELECTOR · 1806

Rand: LEX TVA VERITAS

Dav. 44 – Probszt 2608

1806	850.–	1500.–	2800.–

Fürstentum Schaumburg-Lippe

Münzstätten:	Braunschweig Mzz. H
	Hannover

Münzmeister:
B   Theodor Wilhelm Brüel

Medailleur:
BREHMER F.   Heinrich Friedrich Brehmer

Georg Wilhelm 1787/1807 – 1860

523   ½ Konventionstaler

Vs.:   GEORG WILH · REG · FÜRST ZU SCHAUMB · LIPPE
ETC. am Halsabschnitt Mzz. H.

Rs.:   XX EINE FEINE MARK 1821

Rand: Laubrand

AKS 6 – Jaeger 5

1821	230.–	450.–	700.–

524 Konventionstaler

Vs.: GRÄFL: SCHAUMBURG LIPP: VORMUNDSCHAFTL: MÜNZE

Rs.: X EINE FEINE MARK 1802

Rand: Laubrand

Dav. 907 – AKS 1 – T. 387

| 1802 | (4000) | 700.– | 1500.– | 2700.– |

525 Vereinstaler

Vs.: GEORG WILHELM FÜRST ZU SCHAUMBURG-LIPPE am Halsabschnitt Signatur BREHMER · F · Mmz. B

Rs.: EIN VEREINSTHALER XXX EIN PFUND FEIN 1860

Rand: WIENER-MÜNZVERTRAG 24 JAN. 1857

Dav. 909 – AKS 5 – Jaeger 15 – T. 389

| 1860 | (8350) | 230.– | 500.– | 1000.– |

526 Vereinsdoppeltaler

Vs.: GEORG WILHELM FÜRST ZU SCHAUMBURG-LIPPE
am Halsabschnitt Signatur BREHMER · F · Mmz. B

Rs.: XV EIN PFUND FEIN EIN DOPPEL THALER / NACH
FÜNFZIG-JÄHRIGER REGIERUNG 1857

Rand: MIT GOTTES HÜLFE

Dav. 908 – AKS 18 – Jaeger 7 – T. 388

1857	(2000)	450.–	800.–	1400.–

Adolf Georg 1860 – 1893

527 Vereinstaler

Vs.: ADOLF GEORG FÜRST ZU SCHAUMBURG-LIPPE
am Halsabschnitt Signatur BREHMER · F · Mmz. B

Rs.: EIN VEREINSTHALER XXX EIN PFUND FEIN 1865
auf dem Schriftband NOLI ME TANGERE

Rand: WIENER-MÜNZVERTRAG 24 JAN. 1857

Dav. 910 – AKS 19 – Jaeger 16 – T. 390

1865	(7000)	170.–	380.–	850.–

Herzogtümer Schleswig-Holstein

Münzstätten:
Altona   Reichsapfel
Kopenhagen   Herz und Krone

Medailleure:
B.   Georg Valentin Bauert
P. G.   Peter Leonardo Gianelli

Münzmeister:
M. F.   Michael Flor, Altona bis 1816
C. B.   Caius Branth, Altona bis 1819
I. F. F, F. F.   Johann Friedrich Freund, Altona bis 1857
V. S.   Georg Wilhelm Svendsen, Kopenhagen

Christian VII. von Dänemark 1766 – 1808

528   ⅔ **Species-Taler**
Vs.: CHRISTIANUS · VII · D · G · DAN · NORV · V · G · REX ·
      Signatur B ·
Rs.: 40 · SCHILLING · SCHLESW · HOLST ·
      COURANT · (Wertzahl) ⅔ SP · 18 M · F · 08
Rand: kreisförmige Vertiefungen

AKS 4 – Jaeger 9

| 1808 | 320.– | 650.– | 1200.– |

529 Species-Taler

Vs.: CHRISTIANUS. VII. D. G. DAN. NORV. V. G. REX.
Signatur P. G.

Rs.: 60 SCHILLING. SCHLESW. HOLST. COURANT.
18 M. F. 00 (Wertzahl) I. SP.

Rand: kreisförmige Vertiefungen

Dav. 1311 – AKS 1 – Jaeger 10e

Variante: Ohne Punkt nach 60, mit Punkt nach der Jahreszahl

1800	400.–	900.–	2000.–

530 Species-Taler

Vs.: CHRISTIANUS · VII · D · G · DAN · NORV · V · G · REX ·
Signatur .B.

Rs.: 60 · SCHILLING · SCHLESW · HOLST ·
COURANT · (Wertzahl) 1 · SP · (Jahr) Mmz. M · F ·

Rand: Kettenrand

Dav. 70 – AKS 3 – Jaeger 10a

*Varianten: Von 1800 und 1805 gibt es Proben mit
veränderter Zeichnung der Vs. und Rs. und glattem Rand
(AKS 2, Jaeger 10 IV).*

1800	(146100)	250.–	550.–	1000.–
1801	(311940)	250.–	550.–	1000.–
1804	(105800)	250.–	550.–	1000.–
1807	(102080)	250.–	550.–	1000.–
1808	(1303610)	180.–	450.–	900.–

Christian VIII. von Dänemark 1839 – 1848

531 Rigsbankdaler

Vs.: CHRISTIANVS VIII D: G: DANIÆ V: G: REX
Signatur F. K.
Rs.: 1 RIGSBANKDALER. / 30 SCHILL: COURANT.
Rand: Riffelrand

AKS 15

Mmz. V. S., Mzz. Krone

1842	(358730)	150.–	300.–	600.–
1843	(32150)	220.–	380.–	650.–
1846	(112360)	150.–	300.–	600.–
1847	(1150930)	120.–	250.–	500.–
1848	(499740)	120.–	250.–	500.–

Mmz. F. F., Mzz. Reichsapfel

1844	(35550)	220.–	380.–	650.–
1845	(124740)	150.–	300.–	600.–
1847	(58860)	220.–	380.–	650.–

Friedrich VII. von Dänemark 1848 – 1863

532 Rigsbankdaler

Vs.: FREDERICVS VII D: G: DANIÆ V: G: REX.
Signatur F. K., Mmz. V. S., Mzz. Krone

Rs.: 1 RIGSBANKDALER / 30 SCHILL: COURANT.

Rand: Riffelrand

AKS 20

1849	(544150)	250.–	450.–	750.–
1851	(508330)	250.–	450.–	750.–

Fürstentum Schwarzburg-Rudolstadt

Münzstätten: Saalfeld
Berlin Mzz. A   1841 – 1898
München   1841 – 1868

Münzmeister in Saalfeld:
L   Georg Christoph Loewel

Medailleur:
C. VOIGT   Carl Friedrich Voigt, München

Friedrich Günther 1807 – 1867

533   Konventionstaler

Vs.:   FRIEDRICH GÜNTHER FÜRST ZU SCHWARZBURG
RUDOLSTADT

Rs.:   X EINE FEINE MARK CONVENTIONSMÜNZE ·
EIN SPECIES THALER (Jahr) Mmz. L

Rand: Laubrand *(verschiedene Arten)*

Dav. 912 – AKS 1 – Jaeger 32 – T. 391

1812 ⎫		350.–	600.–	1400.–
⎬ (16790)				
1813 ⎭		350.–	600.–	1400.–

534 Vereinstaler

Vs.: FRIEDR. GÜNTHER FÜRST ZU SCHWARZBURG
Rs.: EIN VEREINSTHALER XXX EIN PFUND FEIN   Jahr
Rand: GOTT MIT UNS

Dav. 915 – AKS 12 – Jaeger 53 – T. 394

1858	(16560)	120.–	300.–	550.–
1859	(6000)	180.–	370.–	750.–

535 Vereinstaler

Vs.: FRIEDR. GÜNTHER FÜRST ZU SCHWARZBURG
Rs.: EIN VEREINSTHALER XXX EIN PFUND FEIN   Jahr
Rand: GOTT MIT UNS

Dav. 916 – AKS 12 – Jaeger 54 – T. 395

1862	(23120)	120.–	270.–	550.–
1863	(16540)	120.–	270.–	550.–

536 Vereinstaler

Vs.: FRIEDR. GÜNTHER FÜRST ZU SCHWARZBURG
Rs.: ZUR FEIER 50 JÆHRIGER REGIERUNG D. 6 NOV. 1864
Rand: EIN VEREINSTHALER XXX EIN PFUND FEIN

Dav. 917 – AKS 31 – Jaeger 55 – T. 396

| 1864 | (4000) | 150.– | 380.– | 650.– |

537 Vereinstaler

Vs.: FRIEDR. GÜNTHER FÜRST ZU SCHWARZBURG
Rs.: EIN VEREINSTHALER XXX EIN PFUND FEIN 1866
Rand: GOTT MIT UNS

Dav. 918 – AKS 13 – Jaeger 56 – T. 397

| 1866 | (26300) | 120.– | 280.– | 550.– |

538 Doppelgulden

Vs.: FRIEDR. GÜNTHER FÜRST ZU SCHWARZBURG
Signatur C. VOIGT
Rs.: ZWEY GULDEN 1846
Rand: Vertiefte Vierecke

Dav. 914 – AKS 19 – Jaeger 48 – T. 393

1846	(500)	1000.–	1500.–	3000.–

539 Doppeltaler

Vs.: FRIEDR. GÜNTHER FÜRST ZU SCHWARZBURG
Signatur VOIGT   Mzz. A
Rs.: 2 THALER VII EINE F. MARK 3 ½ GULDEN
VEREINS (Jahr) MÜNZE
Rand: GOTT MIT UNS

Dav. 913 – AKS 11 – Jaeger 40 – T. 392

1841	(5100)	650.–	1000.–	2300.–
1845	(5100)	650.–	1000.–	2300.–

Albert 1867 – 1869

540 Vereinstaler
Vs.: ALBERT FÜRST ZU SCHWARZBURG
Rs.: EIN VEREINSTHALER XXX EIN PFUND FEIN 1867
Rand: GOTT MIT UNS

Dav. 919 – AKS 32 – Jaeger 57 – T. 398

1867	(23150)	180.–	370.–	850.–

Fürstentum Schwarzburg-Sondershausen

Münzstätte: Berlin Mzz. A   1841 – 1870

Günther Friedrich Carl II. 1835 – 1880

541 Vereinstaler

Vs.: GÜNTHER FR. C. II FÜRST Z. SCHWARZB.
SONDERSH. Mzz. A

Rs.: EIN VEREINSTHALER XXX EIN PFUND FEIN

Rand: GOTT MIT UNS

Dav. 921 – AKS 38 – Jaeger 75 – T. 400

1859	(15000)	150.–	370.–	800.–
1865	(10400)	150.–	370.–	800.–
1870	(11000)	150.–	370.–	800.–

1865: 140. Künker (6/2008),
Nr. 2826, PP = 1000.– €

542 Doppeltaler

Vs.: GÜNTH. FRIEDR. CARL FÜRST Z. SCHWARZB.
SONDERSH. Mzz. A

Rs.: 2 THALER VII EINE F. MARK 3 ½ GULDEN
VEREINS (Jahr) MÜNZE

Rand: GOTT MIT UNS

Dav. 920 – AKS 37 – Jaeger 74 – T. 399

1841	(4300)	600.–	1400.–	2600.–
1845	(8600)	550.–	1100.–	2200.–
1854	(8600)	550.–	1100.–	2200.–

Fürstentum Waldeck-Pyrmont

Münzstätten: Arolsen   bis 1840
                  Berlin   Mzz. A   1842 – 1867

Münzmeister:
F.W.   Friedrich Welle   bis 1826

Medailleur:
L   Johann Lindenschmidt (Mainz)

Friedrich 1763 – 1812

543   Konventionstaler
Vs.:   FRIDERICUS PR · WALDECCIAE COM · PYR ·
Rs.:   VIRTUTE VIAM DIMETIAR.
       X EINE FEINE MARK. 1810.   Mmz. F. W.
Rand: Kettenrand

Dav. 922 – AKS 1 – Jaeger 8 – T. 401

1810		1300.–	3300.–	6500.–

544 Konventionstaler

Vs.: FRIDERICVS D. G. PR. WALDECCIAE COM. PYR.
Rs.: VIRTVTE VIAM DIMETIAR.
X EINE FEINE MARK. 1810. Mmz. F. W.
Rand: Kettenrand

Dav. 922A – AKS 2 – Jaeger 9 – T. 402

1810	2800.–	6600,–	15000 –

Georg 1807 – 1813

545 Konventionstaler

Vs.: GEORG PRINZ Z. WALDECK FÜRST Z. PYRMONT
Signatur L
Rs.: ZEHN EINE FEINE MARK 1811. Mmz. F. W.
Rand: Kettenrand

Dav. 923 – AKS 11 – Jaeger 11 – T. 403

1811	2200.–	4700.–	10000.–

546 Konventionstaler

Vs.: GEORG FÜRST ZU WALDECK UND PYRMONT & c.

Rs.: CONCORDIA PATRIAE NUTRIX 1813. Mmz. F. W.

Rand: X EINE FEINE MARK oder X EINE FEINE MARCK

Dav. 924 – AKS 13 – Jaeger 13 – T. 404

*Varianten: Drei verschiedene Randschriftenausführungen,
a) zwischen den Worten Striche, b) zwischen den Worten
Kreuze, c) zwischen den Worten 34 Rosetten*

| 1813 | 3000.– | 6000.– | 14000.– |

547 Kronentaler

Vs.: GEORG FÜRST ZU WALDECK UND PYRMONT & c.

Rs.: CONCORDIA PATRIAE NUTRIX 1813.   Mmz. F. W.

Rand: Sieben verschiedene Ausführungen

a) KRONENTHALER
zwischen den Buchstaben je ein Kreuzchen

b) WALDECKISCHER KRONTHALER
zwischen den Worten Kreuzchen

c) KRONTHALER (38, 45 oder 46 Rosetten)

d) 52 Sternchen

e) WALDECKISCHER KRONTHALER FEINSILBER

f) WALDECKISCHER KRONTHALER F. SILB.

g) KRONTHALER
zwischen den Buchstaben je eine Rosette

Dav. 924 – AKS 14 – Jaeger 14 – T. 405

1813	2500.–	6500.–	15000.–

Georg Heinrich 1813 – 1845

548   Kronentaler

Vs.:   GEORG HEINR: FÜRST Z.WALDECK U.PYRMONT.
        EIN KRONENTHALER 1824   Mmz. F. W.
Rs.:   PALMA SUB PONDERE CRESCIT
Rand: Kettenrand

Dav. 925 – AKS 18 – Jaeger 32 – T. 406

1824	1200.–	2200.–	5500.–

549 Doppeltaler

Vs.: GEORG HEINRICH FÜRST ZU WALDECK U.
PYRMONT   Mzz. A

Rs.: VEREINSMÜNZE VII EINE F. MARK /
2 THALER 3 ½ GULDEN   Jahr

Rand: MÜNZCONVENTION VOM 30 JULY 1838

Dav. 926 – AKS 17 – Jaeger 40 – T. 407

1842	(4500)	1300.–	2800.–	4200.–
1845	(4500)	1300.–	2800.–	4200.–

Georg Victor 1845 – 1893
(unter Vormundschaft seiner Mutter Emma 1845 – 1852)

550 Doppeltaler

Vs.: EMMA FÜRSTIN REGENT. U. VORMÜND. ZU
WALDECK U. P. Mzz. A

Rs.: VEREINSMÜNZE VII EINE F. MARK /
2 THALER 3 ½ GULDEN 1847

Rand: MÜNZCONVENTION VOM 30 JULY 1838

Dav. 927 – AKS 43 – Jaeger 41 – T. 408

1847	(1000)	2200.–	4200.–	8000.–

Georg Victor 1845 – 1893 (Alleinregierung 1852 – 1893)

551 Vereinstaler

Vs.: GEORG VICTOR FÜRST ZU WALDECK U. PYRMONT
Mzz. A
Rs.: EIN VEREINSTHALER XXX EIN PFUND FEIN   Jahr
Rand: MÜNZVERTRAG VOM 24 JANUAR 1857

Dav. 929 – AKS 45 – Jaeger 45 – T. 410

1859	(14300)	170.–	350.–	750.–
1867	(18920)	170.–	350.–	750.–

552 Doppeltaler

Vs.: GEORG VICTOR FÜRST ZU WALDECK U. PYRMONT
Mzz. A
Rs.: 2 THALER VII EINE F. MARK 3 ½ GULDEN
VEREINS (1856) MÜNZE
Rand: MÜNZCONVENTION VOM 30 JULY 1838

Dav. 928 – AKS 44 – Jaeger 44 – T. 409

1856	(11370)	1100.–	2000.–	3800.–

Grafschaft Wallmoden-Gimborn

Münzstätte: Hannover

Johann Ludwig 1782 – 1806

553   ½ **Konventionstaler**

Vs.:   LUDOV · S · R · I · COMES · A · WALLMODEN GIMBORN

Rs.:   MONETA GIMBORNENSIS / XX EINE FEINE MARK
        1802

Rand: Laubrand

      AKS 2

1802	(8000)	500.–	900.–	1800.–

Königreich Westphalen

Münzstätten:	Kassel	Mzz. C	
	Clausthal	Mzz. C	
	Paris (?)	Mzz. Pferdekopf	
Münzmeister:			
F	Dietrich Heinrich Fulda		1783 – 1831
J	unbekannt		
Medailleur:			
Tiolier	Pierre Josèphe Tiolier, Paris		

Hieronymus Napoleon 1807 – 1813

554   24 Mariengroschen

Vs.:   HIERONYMUS NAPOLEON · (Wertzahl) ⅔ ST:

Rs.:   KOENIG VON WESTPHALEN FR · PR ·
        XXIIII MARIENGROSCH · 1810
        NACH D · LEIPZ · FUS ·   Mzz. B ·

Rand: Kerbrand

AKS 12 – Jaeger 22

Variante: Ohne Punkt nach FUS

1810		220.–	450.–	750.–

Variante mit breiterer Krone, in: 27. Aukti
Möller (18./19. 9. 2000), Nr. 1208

555 **⅔ Taler**

Vs.: HIERONYMUS NAPOLEON · Mzz. C

Rs.: KOENIG · VON · WESTPHALEN · F · P · Jahr ·
Wertzahl ⅔ N · D · REICHS FUSS FEIN SILBER ·

Rand: Kettenrand

AKS 10 – Jaeger 15

1808	250.–	500.–	850.–
1810	250.–	500.–	850.–

556 **⅔ Taler**

Vs.: HIERONYMUS NAPOLEON · Mzz. C ·

Rs.: KOENIG VON WESTPHALEN F · P · Jahr ·
Wertzahl ⅔ N · D · REICHS · FUSS · FEIN · SILBER ·

Rand: Kettenrand

AKS 11 – Jaeger 16

1809	180.–	350.–	700.–
1810	180.–	350.–	700.–

557 **⅔ Taler**

Vs.: HIERONYMUS NAPOLEON · Mzz. C ·

Rs.: KOENIG · VON · WESTPHALEN · F · P · Jahr ·
Wertzahl ⅔ N · D · LEIPZIGER · FUSS · FEIN · SILBER ·

Rand: Kettenrand

AKS 25 – Jaeger 17

1811	250.–	450.–	800.–
1812	250.–	450.–	800.–
1813	250.–	450.–	800.–

558 **⅔ Taler (Konventionsausbeutegulden)**

Vs.: HIERONYMUS NAPOLEON · Mzz. C ·

Rs.: GLÜCK AUF CLAUSTHAL. IM AUGUST 1811.

Rand: Kettenrand

AKS 26 – Jaeger 18

1811	250.–	500.–	900.–

559 Konventionstaler

Vs.: HIERONYMUS NAPOLEON

Rs.: KOENIG VON WESTPHALEN FR. PR.
X EINE FEINE MARK 1810   Mzz. C.

Rand: Laubrand

Dav. 932 – AKS 7 – Jaeger 6 – T. 411

1810	25000.–	40000.–	50000.–

560 Konventionstaler

Vs.: HIERONYMUS NAPOLEON

Rs.: KOENIG VON WESTPHALEN FR. PR.
X EINE FEINE MARK (Jahr) Mzz. C.

Rand: Laubrand

Dav. 933 – AKS 8 – Jaeger 7 – T. 412

1810	380.–	800.–	1800.–
1811	380.–	800.–	1800.–
1812	380.–	800.–	1800.–

561 Konventionstaler

Vs.: HIERONYMUS NAPOLEON
Rs.: KOENIG VON WESTPHALEN FR. PR.
X EINE FEINE MARK (Jahr) Mzz. C ·
Rand: Laubrand

Dav. 933 – AKS 9 – Jaeger 8 – T. 413

1811	380.–	800.–	1800.–
1812	380.–	800.–	1800.–
1813	380.–	800.–	1800.–

562 Ausbeutekonventionstaler

Vs.: HIERONYMUS NAPOLEON
Rs.: KOENIG VON WESTPHALEN FR. PR.
10 ST. EINE MARK F.
SEEGEN DES MANSFELDER BERGBAUES 1811
Mzz. C.

Dav. 934 – AKS 24 – Jaeger 19 – T. 414

1811	900.–	1700.–	3500.–

563 Ausbeutekonventionstaler

Vs.: HIERONYMUS NAPOLEON

Rs.: KOENIG VON WESTPHALEN FR. PR. / 10 ST. EINE
MARK F. / SEEGEN DES MANSFELDER BERGBAUES
1811 Mzz. C.

Dav. 934 – AKS 24 – Jaeger 20 – T. 414 A

1811	900.–	1700.–	3700.–

564 5 Franken

Vs.: HIERONYMUS NAPOLEON. Signatur Tiolier

Rs.: KOENIG VON WESTPHALEN FR. PR. Mzz. Pferdekopf
(Jahr.) Mmz. J / 5 FRANK.

Rand: GOTT ERHALTE DEN KOENIG

Dav. 931 – AKS 33 – Jaeger 38

*Varianten: Proben ohne Randschrift, in verschiedenen
Metallen, unvollständiger Jahreszahl; 1809 auch mit Mzz.
Adlerkopf und Mzz. C*

1808	850.–	3000.–	5000.–
1809	850.–	3000.–	5000.–

Königreich Württemberg

Herzogtum	bis 1803
Kurfürstentum	1803 – 1805
Königreich	ab 1. Januar 1806

Münzstätte:	Stuttgart

Medailleure:

I. L. WAGNER F. oder I. L. W. oder WAGNER F. oder W	Johann Ludwig Wagner
P.B.	Peter Bruckmann
VOIGT oder C. VOIGT	Carl Friedrich Voigt, München
C. SCHNITZSPAHN	Christian Schnitzspahn, Darmstadt
D	Carl Wilhelm Doell, Karlsruhe

Kurfürstentum

Friedrich II. 1797 – 1816 (als Kurfürst 1803 – 1805)

565 ½ **Konventionstaler**

Vs.: FRID · II · D · G · DUX WURT · S · R · I · AR · VEX · ET ELECT · Signatur I. L. W.

Rs.: CUM DEO ET IURE   1805 · im Abschnitt AD NORM · CONV ·

Rand: Laubrand

Klein/Raff 17 – AKS 19

1805		1800.–	3500.–	6500.–

566 Konventionstaler

Vs.: FRIDERICUS II. D: G · DUX WURT · S · R · I · AR · VEX · ET ELECTOR.

Rs.: CUM DEO ET IURE im Abschnitt AD NORM · CONV · 1803

Rand: Laubrand

Klein/Raff 16 – AKS 18 – T. 415

1803	4500.–	10000.–	14000.–

Königreich

Friedrich II. 1797 – 1816 (als König Friedrich I. 1806 – 1816)

567   Konventionstaler

Vs.:   FRIDERICUS D: G · REX WURT · S · R · I · AR · VEXILL ·
ET ELECT ·

Rs.:   AD NORMAM CONVENTION · 1806

Rand: Laubrand

Klein/Raff 32 – AKS 38 – Jaegor 1   T. 416

1806   LP

568   Konventionstaler

Vs.:   FRIDERICUS D · G · REX WURTEMBERGIAE

Rs.:   AD NORMAM CONVENTION · 1806

Rand: Laubrand

Klein/Raff 33 – AKS 39 – Jaeger 4 – T. 417

1806   10000.–   18000.–   45000.–

13000,- 23.000,-

569 Konventionstaler

Vs.: FRIDERICUS D. G. REX WÜRTEMBERG.
Signatur I.L.WAGNER F.
Rs.: AD NORMAM CONVENTION · 1806
Rand: Laubrand

Klein/Raff 34 – AKS 40 – Jaeger 5 – T. 418

1806	~~13000,-~~ ~~23000,-~~ ~~LP~~ 45000,-

570 Konventionstaler

Vs.: FRIDERICUS D. G. REX WÜRTEMBERG.
Signatur I.L.WAGNER F.
Rs.: AD NORMAM CONVENTION. 1809.
Rand: Laubrand

Klein/Raff 35 – AKS 41 – Jaeger 17 – T. 419

1809	12000.–	18000.–	35000.–

Zusammen mit dem Taler Nr. 571 wurden max. 3000 Exemplare geprägt.

443

571 Konventionstaler

Vs.: FRIDERICUS D. G. REX WÜRTTEMBERGIAE.
Signatur I.L.W.

Rs.: AD NORMAM CONVENTION. 1809.

Rand: Laubrand

Klein/Raff 36 – AKS 42 – Jaeger 18 – T. 420

1809	12000.–	20000.–	40000.–

Zusammen mit dem Taler Nr. 570 wurden max. 3000 Exemplare geprägt.

572 Kronentaler

Vs.: FRIDERICUS D. G. REX WÜRTTEMBERGIAE
Signatur I.L.W.

Rs.: 1810.

Rand: KOENIGL : WURTTEMB : KRONENTHALER ·

Klein/Raff 27 – AKS 31 – Jaeger 19 – T. 421

1810	LP

573 Kronentaler

Vs.: FRIDERICH I. KOENIG VON WÜRTTEMBERG
Signatur I.L.W.

Rs.: 1810.

Rand: KOENIGL · WURTTEMB · KRONENTHALER · (alle drei N
sind spiegelverkehrt)

Klein/Raff 28 – AKS 32 – Jaeger 20 – T. 422

1810   LP

574   Kronentaler

Vs.:   FRIDERICH I. KOENIG VON WÜRTTEMBERG
       Signatur I.L.W.

Rs.:   1810.

Rand: KOENIGL : WURTTEMB : KRONENTHALER ·

Klein/Raff 29 + 29.1 – AKS 33 + 34 – Jaeger 22 – T. 423

*Variante: Kopf ist etwas kürzer und schmaler; Rs. auch mit
Quasten an den Fahnen; Randschrift auch wie beim
vorangegangenen Kronentaler mit spiegelverkehrten
Buchstaben N*

1810	1600.–	4200.–	8000.–

Variante mit Quasten

575 Kronentaler

Vs.: FRIDERICH I · KOENIG VON WÜRTTEMBERG
Signatur I.L.W.

Rs.: 1810.

Rand: KOENIGL : WURTTEMB : KRONENTHALER ·
Klein/Raff 29.3 – AKS 35 – Jaeger 23 – T. 424

1810		1400.–	4000.–	9000.–

576 Kronentaler

Vs.: FRIDERICH I. KOENIG VON WÜRTTEMBERG
Signatur I.L.W.

Rs.: 1811

Rand: KOENIGL : WURTTEMB : KRONENTHALER ·
Klein/Raff 30 – AKS 36 – Jaeger 24 – T. 425

1811		10000.–	20000.–	35000.–

577 Kronentaler

Vs.: FRIDERICUS WÜRTEMBERGIAE REX Signatur I.L.W.

Rs.: 1812

Rand: KOENIGL : WURTTEMB : KRONENTHALER ·

Klein/Raff 31 + 31.1 – AKS 37 – Jaeger 25 – T. 426

Variante: Rs. mit etwas größerem Wappenschild (stößt unten durch die Abschnittsleiste)

1812	(15000)	1600.–	3400.–	6500.–

Variante, bei der der Wappenschild durch die Abschlußleiste stößt

Wilhelm I. 1816 – 1864

578 Konventionstaler

Vs.: WILHELM KOENIG VON WÜRTTEMBERG
Signatur WAGNER F.
Rs.: EIN CONVENTIONS THALER 1817.
Rand: Laubrand

Klein/Raff 52 – AKS 70 – Jaeger 32 – T. 428

1817	LP

579 Konventionstaler

Vs.: WILHELM KOENIG VON WÜRTTEMBERG
Rs.: EIN CONVENTIONS THALER 1818.
Rand: Laubrand

Klein/Raff 53 + 53.1 – AKS 71 – Jaeger 36 – T. 430
Variante: Jahreszahl aus 1817 geändert

1818	3200.–	6000.–	12000.–

Probe 1823 T Slg. Wilm. Taf. XVI, 3494
WÜRTTEMBERG

= Peris A. 389

580 Doppelgulden

Vs.: WILHELM KOENIG VON WÜRTTEMBERG.   Signatur
P.B. (kleinerer Kopf)

Rs.: KÖN. WÜRTTEMB. ZWEI _ GULDEN _ ST. 1824.
Signatur W.

Rand: FURCHTLOS UND TREU

Klein/Raff 69 + 69.1 – AKS 73 – Jaeger 49 – T. 431

1823 ist eine Probe (Dav. 950)

Varianten:
a) Ohne Punkt nach W auf der Rs.
b) Randschrift mit Laubwerk
c) Ohne Signatur P.B.
d) WURTTEMBERG
e) Ohne Signatur W

1824	(15460)	750.–	2600.–	5000.–

In der Prägezahl ist der nachfolgende Doppelgulden Nr. 581 enthalten.

Variante ohne Signatur P.B. auf der Vs. und ohne Punkt nach der Signatur W auf der Rs.

581 Doppelgulden

Vs.:   WILHELM KOENIG VON WÜRTTEMBERG. (größerer Kopf)

Rs.:   KÖN. WÜRTTEMB. ZWEI ‒ GULDEN ‒ ST. 1824.
Signatur W.

Rand: FURCHTLOS UND TREU (mit Laubwerk)

Klein/Raff 69.2 – AKS 74 – Jaeger 50 – T. 431 A

*Variante: Ohne Punkt nach der Signatur W und Rand-
schrift ohne Laubwerk*

1824	LP

In der Prägezahl ist der vorangegangene Doppelgulden Nr. 580 enthalten.

582 Doppelgulden

Vs.: WILHELM KOENIG VON WÜRTTEMB.
Signatur WAGNER F.

Rs.: ZWEI GULDEN 1825. Signatur W.

Rand: FURCHTLOS UND TREU

Klein/Raff 70 – AKS 75 – Jaeger 54 – T. 432

Variante: Ohne Signatur WAGNER F.

1825	(9930)	1000.–	3500.–	7000.–

Variante ohne Signatur WAGNER F.

583 Doppelgulden

Vs.: WILHELM KOENIG VON WURTTEMBERG Signatur P.B.

Rs.: ZWEI GULDEN 1825. Signatur W.

Rand: FURCHTLOS UND TREU

Klein/Raff 70.1 – AKS 75 var. (Stempelkopplung der Doppelgulden 1824 und 1825) – T. 433

1825	LP

584 Kronentaler

Vs.: WILHELM KOENIG VON WÜRTTEMBERG Signatur WAGNER F.

Rs.: EIN KRONEN THALER 1817.

Rand: Laubrand

Klein/Raff 50 – AKS 63 – Jaeger 33 – T. 427

1817	1800.–	4200.–	8000.–

Zusammen mit dem Kronentaler 1818 (Nr. 585) wurden 43780 Exemplare geprägt.

585 Kronentaler

Vs.: WILHELM KOENIG VON WÜRTTEMBERG

Rs.: EIN KRONEN THALER 1818.

Rand: Laubrand

Klein/Raff 51 + 51.1 – AKS 64 – Jaeger 37 – T. 429

Variante: Veränderter Kranz auf der Rückseite; Jahreszahl aus 1817 geändert

1818	1400.–	3800.–	7500.–

Zusammen mit dem Kronentaler 1817 (Nr. 584) wurden 43780 Exemplare geprägt.

586 Kronentaler

Vs.: WILHELM KOENIG VON WÜRTTEMBERG.

Rs.: KRONEN THALER   Jahr. Signatur W.

Rand: FURCHTLOS UND TREU

Klein/Raff 63–65 – AKS 65, 66, 69 – Jaeger 55 – T. 434

Zahlreiche Varianten: Vergl. Klein/Raff Nr. 63 – 65

1825	(225800)	250.–	650.–	1200.–

1826		400.–	800.–	2200.–
1827		280.–	750.–	1500.–
1828		400.–	800.–	2200.–
1829		400.–	800.–	2200.–
1830	(6690)	400.–	800.–	2200.–
1831	(9070)	400.–	800.–	2200.–
1832		400.–	800.–	2200.–
1833		400.–	800.–	2200.–
1834		400.–	800.–	2200.–
1835		400.–	800.–	2200.–
1837	(170000)	300.–	700.–	1200.–

Variante mit Signatur W. unter dem Kopf und ohne Punkt nach WÜRTTEMBERG

587 Kronentaler

Vs.: WILHELM KOENIG VON WÜRTTEMBERG   Signatur W.

Rs.: HANDELSFREIHEIT DURCH EINTRACHT 1833
Signatur D

Rand: KRONENTHALER

Klein/Raff 66–66.3 – AKS 67 – Jaeger 56 – T. 435

Varianten:
1. Punkt nach Württemberg
2. Signatur L. W. unter dem Kopf (LP)
3. Ohne Signatur D

1833	260.–	500.–	1000.–

Bei den Exemplaren mit glattem Rand handelt es sich um Medaillen. Die Proben ohne Randschrift weichen auch im Münzbild mehr oder weniger stark ab.

Variante mit der Signatur L.W. unter dem Kopf

588 Vereinstaler

Vs.: WILHELM KÖNIG V. WÜRTTEMBERG

Rs.: EIN VEREINSTALER XXX EIN PFUND FEIN (Jahr)
      auf dem Schriftband Furchtlos und treu

Rand: MÜNZVERTRAG VOM 24 JANUAR 1857

Klein/Raff 107–107.7 – AKS 77 – Jaeger 83 – T. 439

1857	(451750)	130.–	280.–	500.–
1858	(644100)	130.–	280.–	500.–
1859	(1332660)	130.–	280.–	500.–
1860	(645388)	130.–	280.–	500.–
1861	(753940)	130.–	280.–	500.–
1862	(648210)	130.–	280.–	500.–
1863	(620840)	130.–	280.–	500.–
1864	(532890)	130.–	280.–	500.–

589 Doppelgulden

Vs.:   WILHELM KÖNIG V. WÜRTTEMBERG
       Signatur C. VOIGT

Rs.:   ZWEY GULDEN   (Jahr)
       auf dem Schriftband 𝔉urchtlos und treu

Rand: Vertiefte Vierecke

Klein/Raff 91–91.2 – AKS 76 – Jaeger 72 – T. 437

Jahr	Auflage			
1845	(562210)	180.–	400.–	750.–
1846	(621250)	180.–	400.–	750.–
1847	(1160000)	180.–	400.–	750.–
1848	(336000)	180.–	400.–	750.–
1849	(486000)	180.–	400.–	750.–
1850	(280000)	180.–	400.–	750.–
1851	(140000)	180.–	400.–	750.–
1852	(225000)	180.–	400.–	750.–
1853	(175000)	180.–	400.–	750.–
1854	(73830)	180.–	400.–	750.–
1855	(133000)	180.–	400.–	750.–
1856	(267260)	180.–	400.–	750.–

590 Doppeltaler

Vs.: WILHELM KÖNIG V. WÜRTTEMBERG   Signatur VOIGT

Rs.: VEREINSMÜNZE VII EINE F. MARK / 3 ½ GULDEN
2 THALER   Jahr

Rand: CONVENTION VOM 30 JULY 1838

Klein/Raff 89–89.4 – AKS 62 – Jaeger 71 – T. 436

1840	(161860)	320.–	600.–	1500.–
1842	(50660)	350.–	700.–	1600.–
1843	(245040)	320.–	600.–	1500.–
1854 } (168350)		320.–	600.–	1500.–
1855 }		320.–	600.–	1500.–

591 Doppeltaler

Vs.: WILHELM KÖNIG V. WÜRTTEMBERG   Signatur VOIGT
Rs.: CARL KRONPR. V. WÜRTTEMB. U. OLGA
GROSFÜRSTIN V. RUSSL. / VERM. D. 13 JULI 1846
Rand: VEREINSMÜNZE VII EIN F. MARK

Klein/Raff 90 – AKS 122 – Jaeger 79 – T. 438

1846	(5800)	380.–	800.–	1500.–

Karl 1864 – 1891

592 Vereinstaler

Vs.: KARL KOENIG VON WUERTTEMBERG
am Halsabschnitt Signatur C. SCHNITZSPAHN

Rs.: EIN VEREINSTHALER · XXX EIN PFUND FEIN (Jahr)
auf dem Schriftband FURCHTLOS UND TREW

Rand: MÜNZVERTRAG VOM 24 JANUAR 1857

Klein/Raff 113–113.5 – AKS 126 – Jaeger 85a – T. 440

1865	(275840)	130.–	400.–	800.–
1866	(345780)	130.–	400.–	800.–
1867	(164530)	130.–	400.–	800.–
1868	(78210)	130.–	400.–	800.–
1869	(31000)	130.–	450.–	850.–
1870	(44000)	130.–	450.–	850.–

593 Vereinstaler

Vs.: KARL KOENIG VON WUERTTEMBERG
am Halsabschnitt Signatur C. SCHNITZSPAHN

Rs.: EIN VEREINSTHALER · XXX EIN PFUND FEIN 1865
(Geweih ragt nicht in die Umschrift, sog. „hängendes
Geweih")

Rand: MÜNZVERTRAG VOM 24 JANUAR 1857

Klein/Raff 113a – Jaeger 85b – T. 441

1865		600.–	2000.–	3500.–

594 Vereinstaler (Siegestaler)

Vs.: KARL KOENIG VON WUERTTEMBERG
am Halsabschnitt Signatur C. SCHNITZSPAHN

Rs.: MIT GOTT DURCH KAMPF ZU SIEG UND EINIGUNG
in den beiden Kränzen die Jahreszahlen 1870 und 1871

Rand: XXX EIN PFUND FEIN

Klein/Raff 114 – AKS 132 – Jaeger 86 – T. 443

1871	(113670)	90.–	150.–	320.–

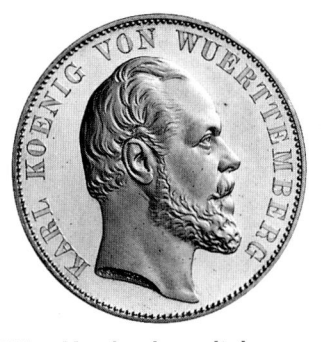 

595   Vereinsdoppeltaler

Vs.:   KARL KOENIG VON WUERTTEMBERG
am Halsabschnitt Signatur C. SCHNITZSPAHN

Rs.:   ZUR ERINNERUNG AN D. WIEDERHERSTELLUNG D.
MÜNSTERS IN ULM   Jahr / im Abschnitt ZWEI
THALER Signatur C. SCHNITZSPAHN F.

Rand: glatt

Dav. 961 – AKS 131 – Jaeger 87 – T. 442

1869		500.–	800.–	1400.–
1871	(4030)	500.–	800.–	1400.–

Literaturverzeichnis

AKS: P. Arnold, H. Küthmann, D. Steinhilber, neu bearbeitet und erweitert von Dieter Faßbender, Großer deutscher Münzkatalog, 16. Auflage. Augsburg 2000

Beckenb.: E. Beckenbauer, Die Münzen der Reichsstadt Regensburg. Grünwald 1978

Buck: L. Buck, Die Münzen des Kurfürstentums Sachsen 1763 – 1806. Berlin 1981

Dav.: J. S. Davenport, European Crowns and Talers since 1800. London 1964

Divo: J.-P. Divo, Die Münzen und Medaillen der Fürsten von Liechtenstein. Zürich 2000

Holzmair: E. Holzmair, Münzgeschichte der österreichischen Neufürsten, in: Numismatische Zeitschrift, Bd. 71. Wien 1946

Jaeger: K. Jaeger, Die Münzprägungen der deutschen Staaten vom Ausgang des alten Reiches bis zur Einführung der Reichswährung (Anfang des 19. Jahrhunderts bis 1871/73)

Band 1: Königreich Württemberg, Fürstentümer Hohenzollern, 2. Auflage. Basel 1966

Band 2: Baden, Frankfurt, Kurhessen, Hessen-Darmstadt, Hessen-Homburg, 2. Auflage. Basel 1969

Band 4: Mecklenburg-Schwerin 1763 – 1872, Städte in Mecklenburg (Rostock und Wismar), Mecklenburg-Strelitz 1764 – 1872, Schwedisch-Pommern und Stralsund 1763 – 1808, 3. Auflage. Basel 1971

Band 5: Königreich Bayern 1806 – 1871 mit Großherzogtum Berg 1801 – 1807, 2. Auflage. Basel 1968

Band 6: K. Jaeger und J.-U. Rixen: Nordwestdeutschland, Ostfriesland, Oldenburg, Jever, Kniphausen, Bremen, Hamburg, Lübeck, Schleswig-Holstein, Lauenburg, 1. Auflage. Basel 1971

Band 7: Herzogtum Nassau, Königreich Westfalen, Fürstentümer Waldeck und Pyrmont, Lippe-Detmold und Schaumburg-Lippe, 2. Auflage. Basel 1969

Band 8: Hannover – Braunschweig seit 1813, 2. Auflage. Basel 1971

Band 9: Königreich Preußen 1786 – 1873, 2. Auflage. Basel 1970

Band 10: Königreich Sachsen 1806 – 1872 und Herzogtum Warschau 1810 – 1815. Basel 1969

Band 11: K. Jaeger und W. Grasser: Die Sächsischen Herzogtümer, Sachsen-Altenburg, Sachsen-Coburg-Saalfeld, Sachsen-Coburg und Gotha, Sachsen-Hildburghausen, Sachsen-Coburg-Meiningen, Sachsen-Meiningen (-Hildburghausen), Sachsen-Weimar und Eisenach. Basel 1970

Band 12: Mitteldeutsche Kleinstaaten, Anhalt, Mansfeld, Stolberg, Mühlhausen, Erfurt, Schwarzburg, Reuß. Basel 1972

Jl.: P. Jaeckel und K. Jaeger, Die Münzprägungen des Hauses Habsburg 1780 – 1918, 4. Auflage. Basel 1970

Klein/Raff: U. Klein und A. Raff, Die Württembergischen Münzen von 1798 – 1873. Stuttgart 1991

Krug: W. Krug, Die Münzen des Hochstifts Bamberg 1007 – 1802. Stuttgart 1999

Lej.: E. Lejeune, Die Münzen der reichsunmittelbaren Burg Friedberg in der Wetterau. Berlin 1905

Lichn.: R. v. Lichnowsky und E. v. Mayer, Des fürstlichen Hochstifts Olmütz Münzen und Medaillen … Wien 1873, Reprint Graz 1963

Lorenz: R. Lorenz, Die Münzen des Königreichs Sachsen 1806 – 1871. Berlin 1968

Probszt: G. Probszt, Die Münzen Salzburgs, 2. Auflage. Graz 1975

Schulze: I. und W.-G. Schulze, Die fürstbischöflich-münsterschen Münzen der Neuzeit. Münster 1973

T.: N. Thun, Deutsche Taler, Doppelgulden, Doppeltaler von 1800 – 1871, 3. Auflage. Frankfurt am Main 1979

Voglh.: R. Voglhuber, Taler und Schautaler des Erzhauses Habsburg. Frankfurt/M. 1971

Welter: G. Welter, Die Münzen der Welfen seit Heinrich dem Löwen, 3 Bde. Braunschweig 1971 – 1978

Witt.: J. P. Beierlein, Die Medaillen und Münzen des Gesammthauses Wittelsbach …, 2 Bde. München 1897 und 1901

Abkürzungsverzeichnis

LP	Liebhaberpreis
Mmz.	Münzmeisterzeichen
Mzz.	Münzzeichen
o. J.	ohne Jahresangabe
Rs.	Rückseite
Vs.	Vorderseite

Konkordanztabelle zum Katalog von Norbert Thun, „Deutsche Taler, Doppelgulden, Doppeltaler von 1800 bis 1871"

Thun	Kahnt	Thun	Kahnt	Thun	Kahnt
1	2	31	37	65	92
2	3	32	50	66	93
3	4	33	51	67	94
4	7	34	52	68	95
5	5	35	53	69	96
6	6	36	54	70	97
7	8	37	55	71	98
8	12	38	56	72	99
9	9	39	57	73	100
10	10	40	65	74	101
11	11	41	66	75	102
12	14	42	67	76	103
13	15	43	68	77	104
14	16	44	64	78	105
15	17	45	69	79	106
16	18	46	70	80	107
16A	19	47	74	81	108
17	20	48	75	82	109
18	21	49	76	83	110
19	23	50	78	84	111
20	24	51	77	85	112
21	25	52	79	86	113
22	26	53	80	87	114
22A	27	54	81	88	115
23	28	55	82	89	73
24	29	56	83	90	117
25	30	57	84	91	119
25A	31	58	85	92	120
26	32	59	86	93	121
27	22	60	87	94	122
28	34	61	89	95	123
28A	35	62	88	96	124
29	33	63	90	97	118
30	36	64	91	98	116

KONKORDANZTABELLE

Thun	Kahnt	Thun	Kahnt	Thun	Kahnt
99	125	135	176	173	243
100	126	135A	176	174	239
101	133	136	177	175	245
102	127	137	178	176	240
103	128	138	179	177	241
104	131	139	167	178	242
105	131	140	165	179	246
106	130	141	166	180	247
106A	129	142	168	181	249
107	132	143	169	182	250
108	135	144	170	183	251
109	136	145	183	184	252
110	137	146	171	185	253
111	138	147	172	186	254
112	139	148	184	187	255
113	142	149	185	188	258
114	149	150	197	189	256
115	151	151	210	190	257
116	152	152	219	191	259
117	152	153	220	192	260
118	156	154	221	193	261
119	157	155	222	194	263
120	153	156	224	195	264
121	154	157	225	196	265
122	158	158	226	197	262
123	155	159	227	198	267
124	161	160	228	199	268
125	162	161	229	200	266
126	163	162	230	201	269
127	164	163	231	202	270
128	186	164	232	203	271
129	180	165	233	204	273
130	181	166	232	205	272
130A	182	167	234	206	275
131	182	168	235	207	276
132	173	169	236	208	274
133	174	170	237	209	277
134	175	171	238	210	278
134A	175	172	244	211	279

Thun	Kahnt	Thun	Kahnt	Thun	Kahnt
212	282	247	367	281	402
213	283	247D	367	282	403
214	292	248	368	283	404
215	293	249	369	284	405
216	294	249D	369	285	406
217	295	250	370	286	407
218	297	250D	370	287	408
219	299	251	371	288	409
220	300	252	372	289	411
221	302	253	381	290	412
222	303	254	373	291	415
223	304	255	374	292	416
224	305	256	375	293	417
225	306	257	376	294	418
226	307	258	382	295	419
227	308	259	383	296	420
228	309	260	377	297	421
229	310	261	378	298	422
230	311	262	379	299	423
231	317	263	380	300	424
232	318	264	384	301	425
233	312	265	385	302	426
234	313	266	386	303	428
235	319	267	387	304	428
236	314	268	391	305	429
237	315	269	392	306	430
238	316	270	388	307	433
239	321	270B	388	308	434
240	320	270C	388	309	435
241	322	271	389	309G	435
242	361	272	390	310	436
242B	361	273	393	310G	436
242G	361	274	395	311	437
243	363	275	396	312	438
244	362	276	397	313	439
244B	362	277	398	314	440
245	364	278	399	315	441
246	365	279	401	316	442
246D	365	280	400	317	443

KONKORDANZTABELLE

Thun	Kahnt	Thun	Kahnt	Thun	Kahnt
318	444	352	479	389	525
319	445	353	481	390	527
320	446	353F	481	391	533
321	447	354	480	392	539
322	454	355	482	393	538
322F	454	356	483	394	534
323	455	356B	483	395	535
324	456	357	486	396	536
325	448	358	487	397	537
325F	448	359	488	398	540
326	449	360	489	399	542
326F	449	361	490	400	541
327	450	362	492	401	543
328	451	363	491	402	544
329	452	364	493	403	545
330	453	365	498	404	546
331	457	366	494	405	547
332	458	367	495	406	548
333	459	368	499	407	549
334	460	369	496	408	550
335	461	370	497	409	552
336	462	371	500	410	551
337	474	372	501	411	559
338	475	373	502	412	560
339	463	374	503	413	561
340	464	375	507	414	562
341	476	376	508	414A	563
341B	476	377	509	415	566
342	465	378	506	416	567
342B	465	379	505	417	568
343	466	380	510	418	569
344	467	381	512	419	570
345	468	382	513	420	571
346	469	383	515	421	572
347	477	384	514	422	573
348	470	385	517	423	574
349	471	386	516	424	575
350	472	387	524	425	576
351	473	388	526	426	577

Thun	Kahnt	Thun	Kahnt	Thun	Kahnt
427	584	439	588	452	353
428	578	440	592	453	354
429	585	441	593	454	354
430	579	442	595	455	354
431	580	443	594	456	355
431A	581	444	356	457	–
432	582	445	352	458	–
433	583	446	352	459	357
434	586	447	352	460	358
435	587	448	352	461–467	–
436	590	449	352	468	281
437	589	450	353		
438	591	451	353		

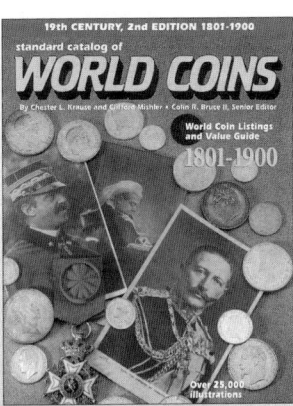

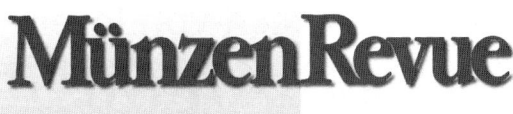